큰 그림과 큰 글씨로 눈이 편하게!

유튜브 & 영상 편집

2nd Edition

★ 저자 김혜진 ★

YoungJin.com Y.
영진닷컴

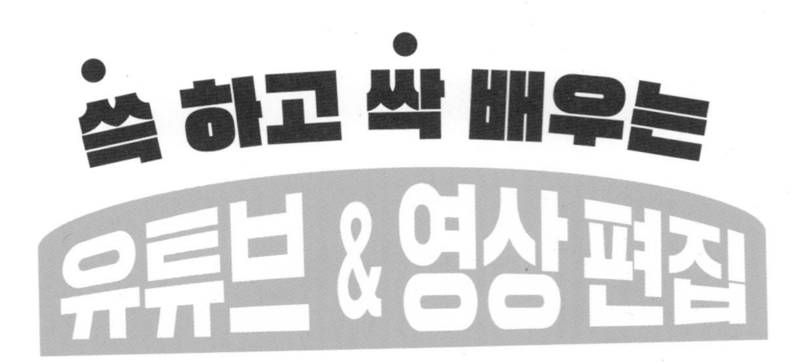

401, STX-V Tower 128, Gasan digital 1-ro, Geumcheon-gu, S eoul, Republic of Korea.

ISBN 978-89-314-6855-7

독자님의 의견을 받습니다

이 책을 구입한 독자님은 영진닷컴의 가장 중요한 비평가이자 조언가입니다. 저희 책의 장점과 문제점이 무엇인지, 어떤 책이 출판되기를 바라는지, 책을 더욱 알차게 꾸밀 수 있는 아이디어가 있으면 이메일, 또는 우편으로 연락주시기 바랍니다. 의견을 주실 때에는 책 제목 및 독자님의 성함과 연락처(전화번호나 이메일)를 꼭 남겨 주시기 바랍니다. 독자님의 의견에 대해 바로 답변을 드리고, 또 독자님의 의견을 다음 책에 충분히 반영하도록 늘 노력하겠습니다.

이메일 : support@youngjin.com
주 소 : 서울특별시 금천구 가산디지털1로 128 STXV타워 4층 401호
등 록 : 2007. 4. 27. 제16-4189호

STAFF

저자 김혜진 | **기획** 기획 1팀 | **총괄** 김태경 | **진행** 김연희 | **디자인** 박지은 | **편집** 신지연
영업 박준용, 임용수, 김도현 | **마케팅** 이승희, 김근주, 김도연, 김민지, 김진희, 이현아 | **제작** 황장협 | **인쇄** 제이엠

이 책은요!

쓱 하고 싹 배우는
유튜브 & 영상 편집
2nd Edition

국내외 가장 큰 동영상 사이트인 유튜브에 가입하여
동영상을 즐기고 직접 영상을 올리는 법을 배워 봐요!

❶ POINT

챕터에서 배우게 될 내용을 간략하게 소개해요.

❷ 완성 화면 미리 보기

챕터에서 배우게 되는 예제의 완성된 모습을 미리 만나요.

❸ 여기서 배워요!

어떤 내용을 배울지 간략하게 살펴봐요. 배울 내용을 미리 알아 두면 훨씬 쉽고 재미있게 배울 수 있어요.

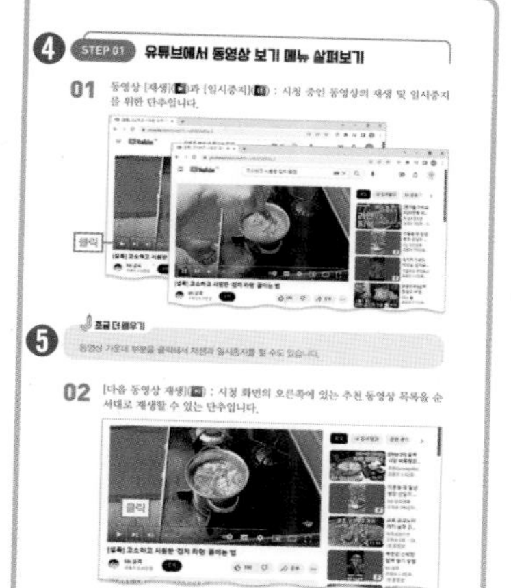

❹ STEP

예제를 하나하나 따라 하면서 본격적으로 기능을 익혀 봐요.

❺ 조금 더 배우기

본문에서 설명하지 않은 내용 중 중요하거나 알아 두면 좋을 내용들을 알 수 있어요.

❻ 혼자서도 만들 수 있어요!

챕터에서 배운 내용을 연습하면서 한 번 더 기능을 숙지해 봐요.

❼ HINT

문제를 풀 때 참고할 내용을 담았어요.

이 책의 목차

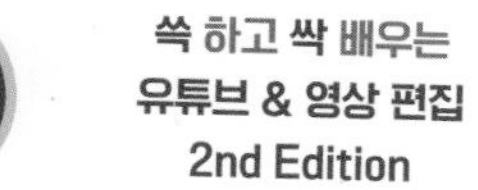
쓱 하고 싹 배우는
유튜브 & 영상 편집
2nd Edition

CHAPTER 01

세계에서 가장 큰 동영상 공유 공간 '유튜브'

POINT

스마트 기기 이용이 빠르게 확대되는 일상생활에서 음악을 감상하고 동영상을 즐기며, 책을 읽기도 하고 운동도 같이하는 슬기로운 유튜브 생활에 대하여 알아봅니다.

STEP 01 유튜브 이해하기

01 유튜브는 구글(Google)이 운영하는 세계 최대 규모의 비디오 공유 공간으로, 한 달 18억 명이 열광하는 동영상 콘텐츠를 유튜브 사용자가 올리고 시청하며 공유할 수 있도록 운영하는 동영상 공유 서비스입니다. You(당신)과 Tube(브라운관)이라는 단어가 합성된 '당신의 텔레비전'으로, 유튜브(You-Tube)라고 합니다. 유튜브에 있는 동영상은 회원가입 없이도 모두 시청할 수 있습니다.

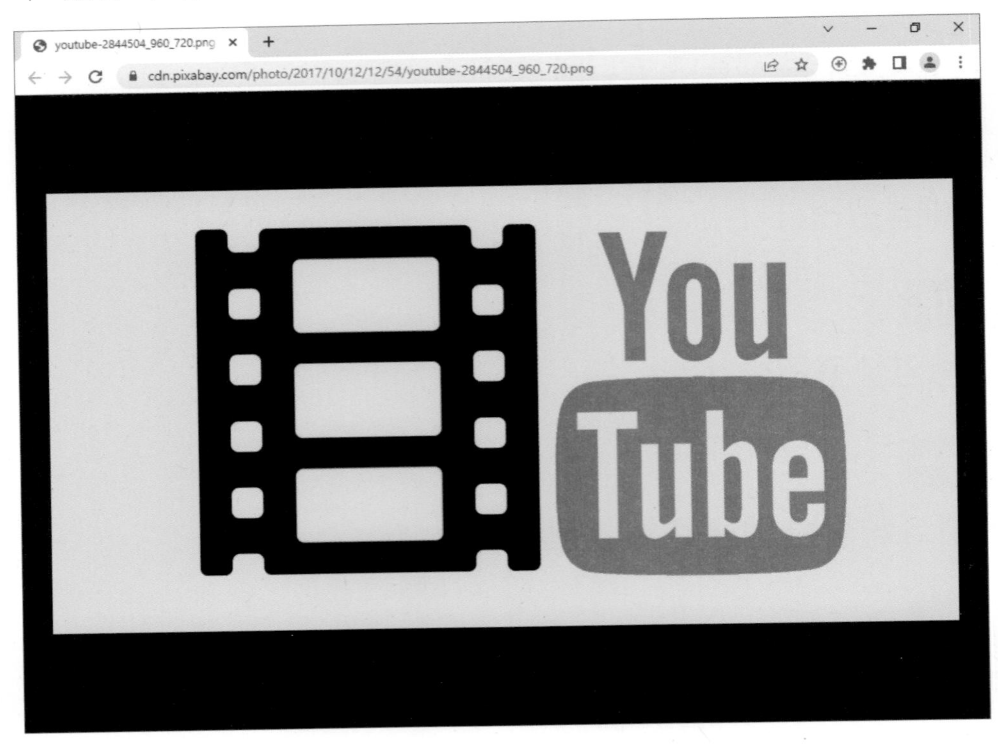

02

유튜브는 시작 부분이나 중간에 광고를 시청해야 하는 '무료 시청'과 매달 일정 금액을 결제하여 광고가 나오지 않게 하는 '유튜브 프리미엄' 가입 서비스로 나누어집니다.

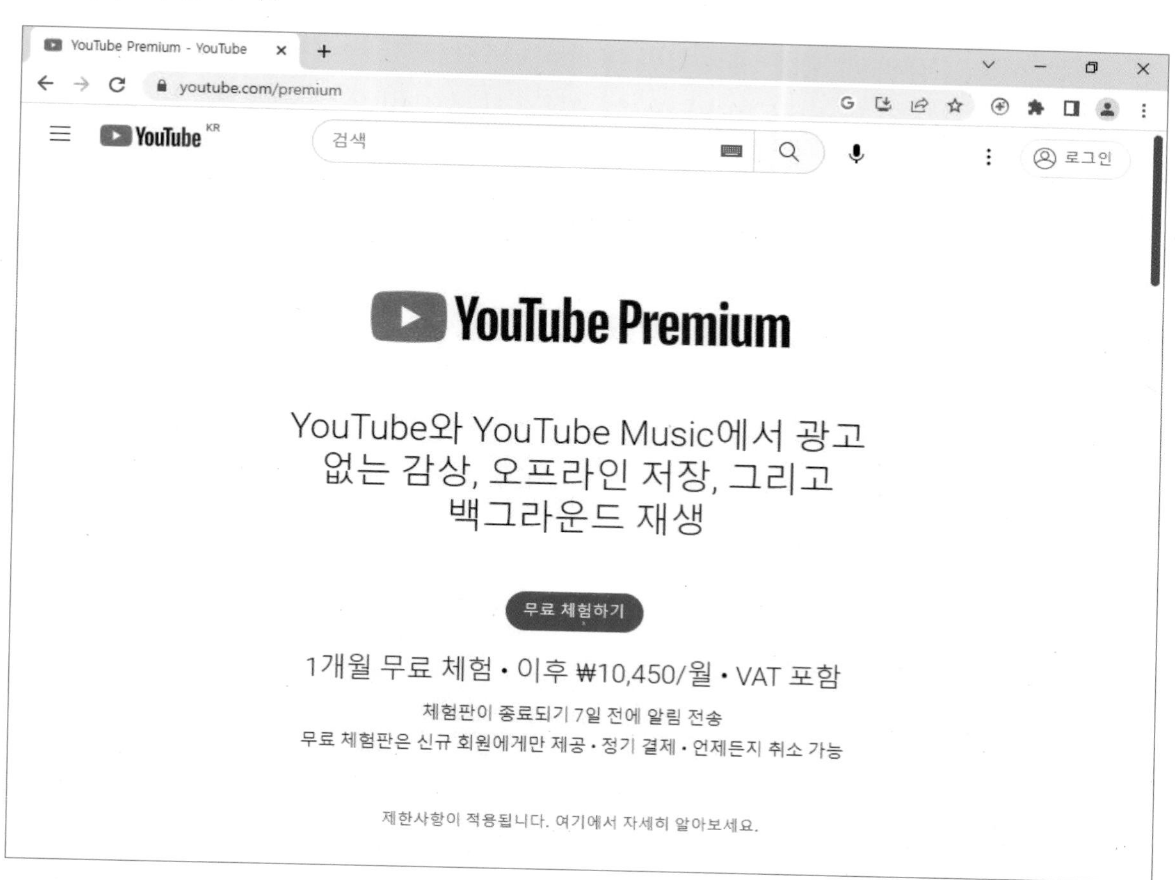

조금 더 배우기

유튜브 프리미엄 서비스 종류에 대해서 알아보기

- **백그라운드 재생** : 다른 앱을 사용하거나 휴대전화 화면이 꺼진 상태에서도 동영상이 재생되는 서비스입니다.
- YouTube Music : 동영상 없이 오디오 모드로만 음악을 감상할 수 있습니다.
- **오프라인 저장** : 동영상을 저장하여 오프라인 상태에서도 어디서든지 시청이 가능하도록 합니다.

STEP 02 유튜브는 어떤 활동을 하는 공간일까?

① **동영상 시청하기** : 필요한 정보와 교육 내용이 있을 경우 유튜브에서 검색하여 컴퓨터나 스마트폰 등으로 시청하는 활동입니다.

② **댓글 쓰기** : 영상에 대한 본인의 생각이나 질문 등을 댓글로 쓰거나 다른 사용자의 댓글을 확인하면서 답글을 남길 수 있는 활동입니다.

③ **좋아요 누르기** : 시청 중인 영상이 마음에 든다면 '좋아요'를 표시할 수 있습니다.

④ **채널 구독하기** : 시청한 영상의 채널 관리자가 올린 다른 영상을 더 많이 보기 위해 채널의 구독을 누른 다음 계속해서 시청하는 활동입니다.

⑤ **알림 설정하기** : 구독해 놓은 유튜버의 새 영상이 업로드되거나 자신이 써놓은 댓글에 답글 등을 빠르게 알기 위해 설정해 놓는 활동입니다.

⑥ **채널 운영하기** : 유튜브에 가입한 회원 대상으로 사용자 채널에 나만의 동영상을 올려서 관리하는 활동입니다.

CHAPTER 02

유익한 유튜브 채널 둘러보기

POINT

손안의 작은 TV 방송국인 유튜브에서 다양하고 유익한 정보를 업로드하면서 활동하는 유튜버들 가운데 시니어 유튜버들이 많이 계십니다. 그분들의 채널을 둘러보면서 정보를 공유해 봅니다.

완성 화면 미리 보기

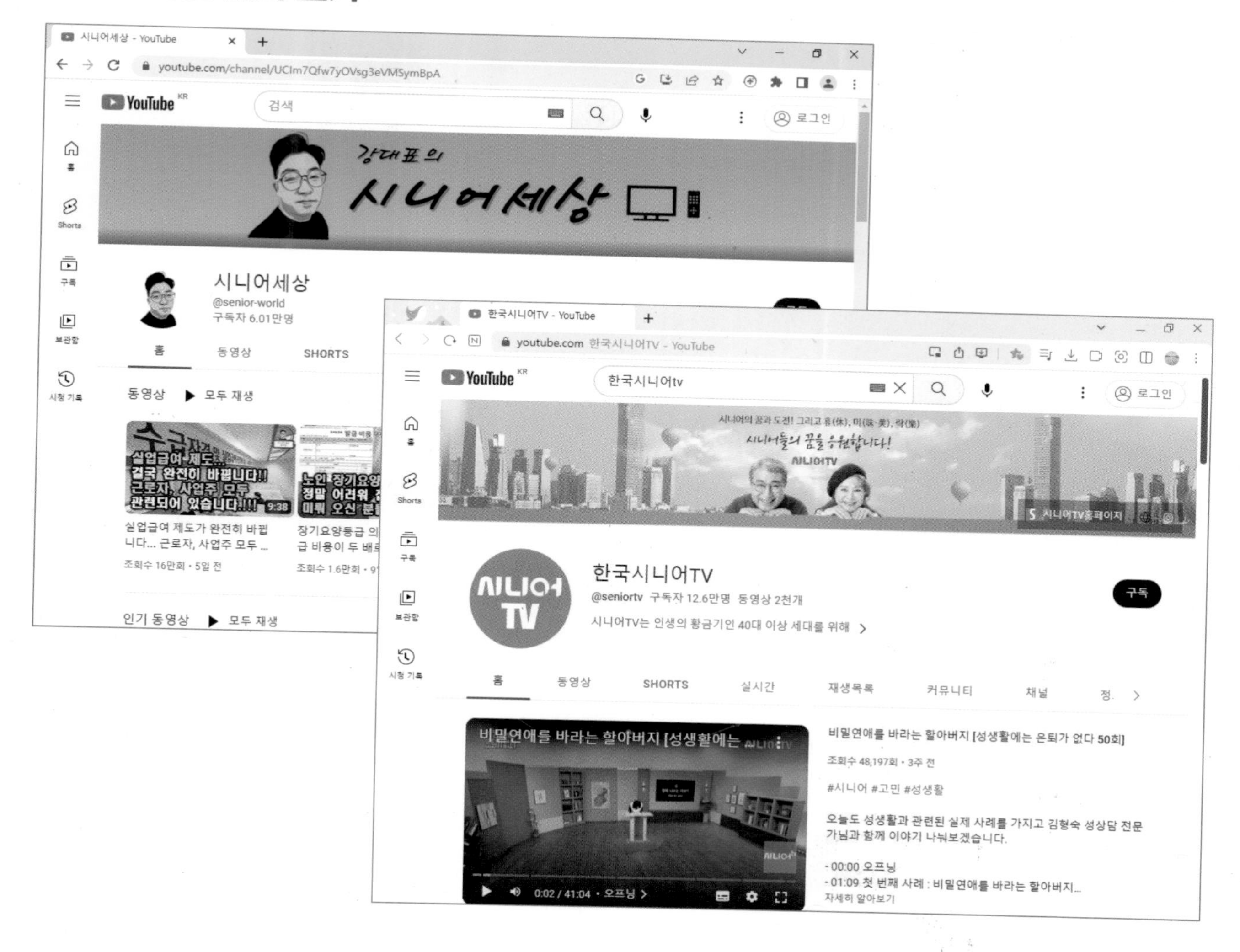

여기서 배워요!

시니어 유튜버들의 채널 둘러보기

STEP 01 시니어 유튜버들의 채널 둘러보기

01 채널명 '시니어세상'은 중장년의 은퇴 이후 생활과 재취업에 필요한 정보를 제공하는 채널입니다.

- **채널 주소** : https://www.youtube.com/@senior-world

02 채널명 '시니어정보쇼'는 시니어들의 노후 생활을 위한 다양한 정보가 있는 채널입니다.

- **채널 주소** : https://www.youtube.com/@user-ik4ym5qw9l

03

채널명 '시니어라이프 비즈니스 SLB'는 최신 시니어 라이프 스타일과 비즈니스 트렌드를 제안해 주는 채널입니다.

- **채널 주소** : https://www.youtube.com/@seniorlifebusiness

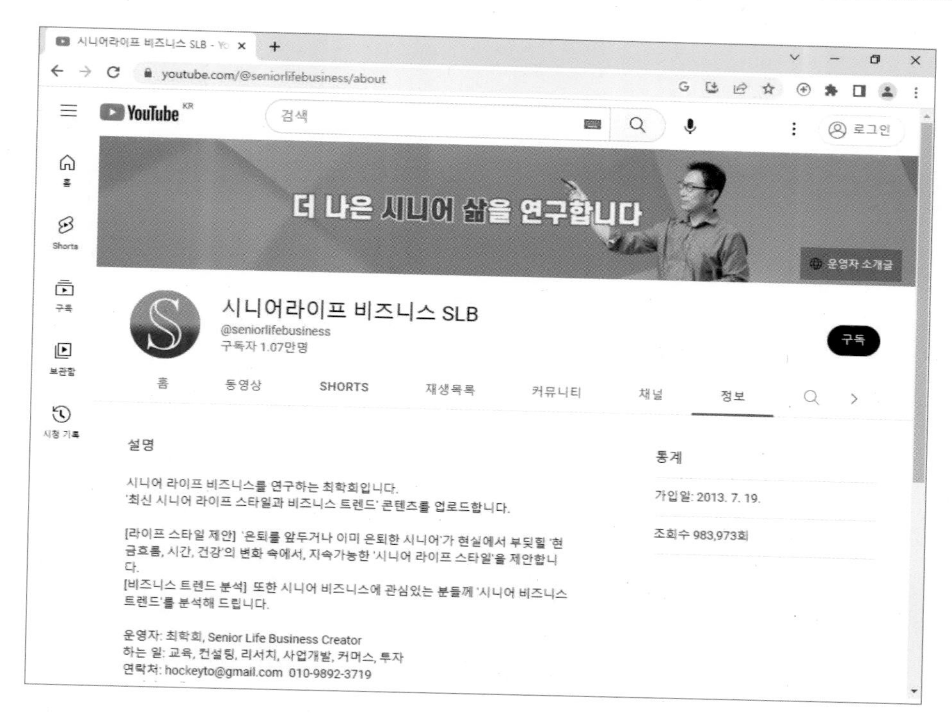

04

채널명 '한국시니어TV'는 시니어들의 꿈을 위해 다양한 정보를 제공하는 채널입니다.

- **채널 주소** : https://www.youtube.com/@seniortv

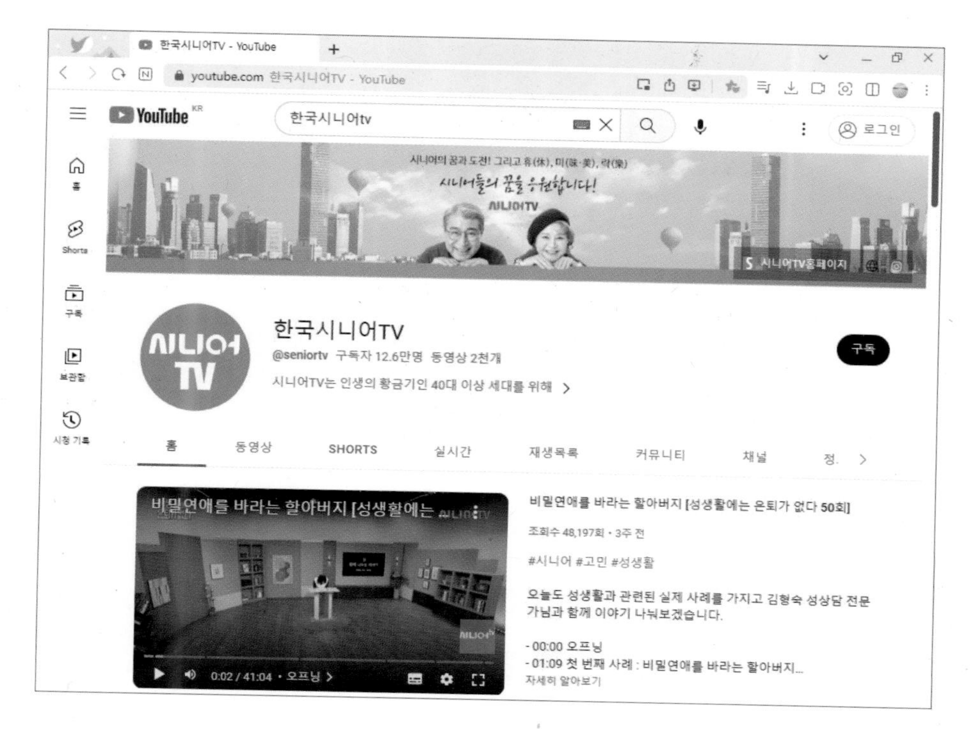

CHAPTER

03 컴퓨터로 유튜브 영상 즐겨보기

POINT

유튜브 채널을 컴퓨터로 시청하기 위해 유튜브와 네이버에서 영상을 검색하는 방법을 배워 봅니다.

완성 화면 미리 보기

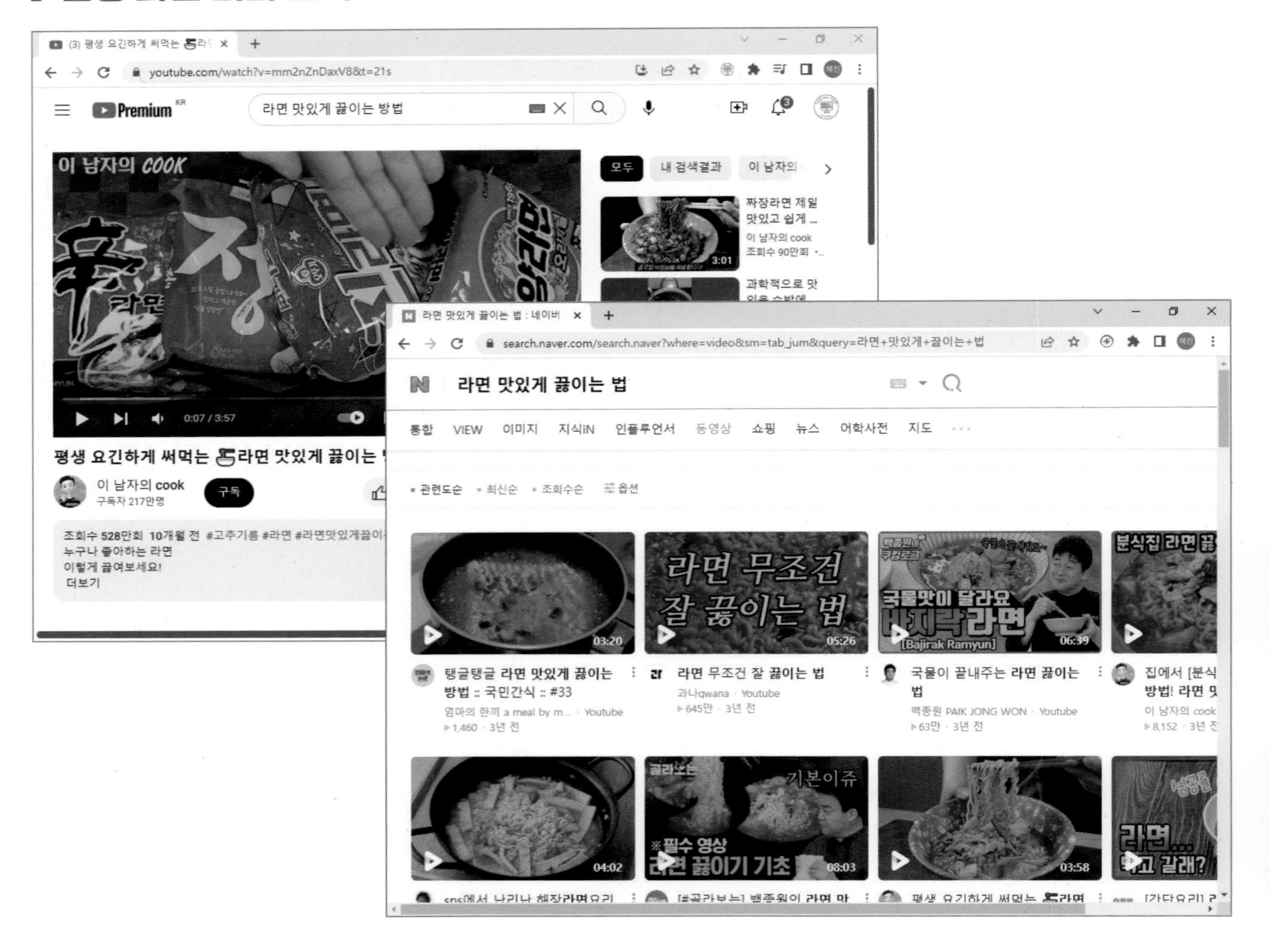

여기서 배워요!

유튜브에서 검색으로 영상 보기, 네이버에서 검색으로 유튜브 영상 보기

STEP 01 유튜브에서 검색으로 영상 보기

01 [크롬 브라우저]( )를 실행한 후 검색란에 '유튜브'를 입력하고 Enter 를 누릅니다.

02 검색된 결과에서 [유튜브]를 클릭합니다.

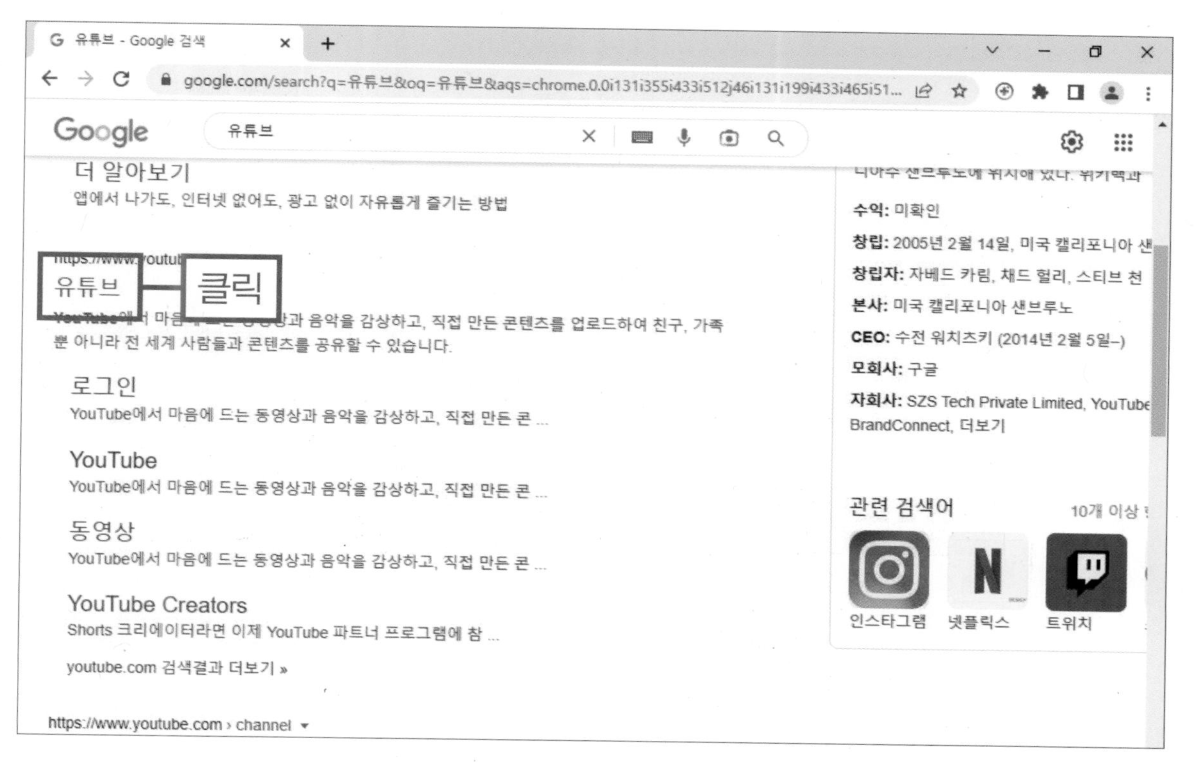

03 홈 화면 상단의 검색란에 '라면 맛있게 끓이는 방법'을 입력하고 [검색]( ) 단추를 클릭합니다.

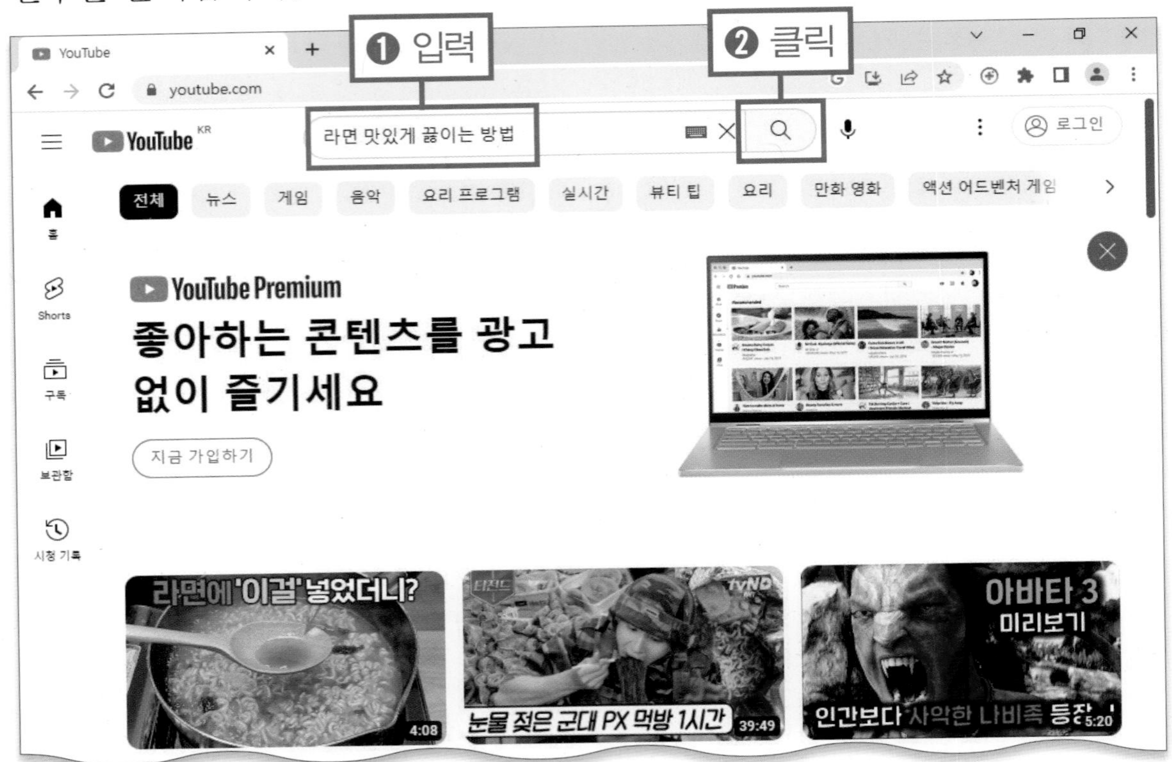

04 결과 목록에서 검색어와 가장 '관련성'이 높은 첫 번째 동영상을 클릭합니다. 동영상이 재생됩니다.

STEP 02 네이버에서 검색으로 유튜브 영상 보기

01 네이버(www.naver.com) 검색란에 '라면 맛있게 끓이는 법'을 입력하고 [검색]( ) 단추를 클릭합니다.

02 네이버 위쪽의 메뉴 탭에서 [동영상]을 클릭합니다.

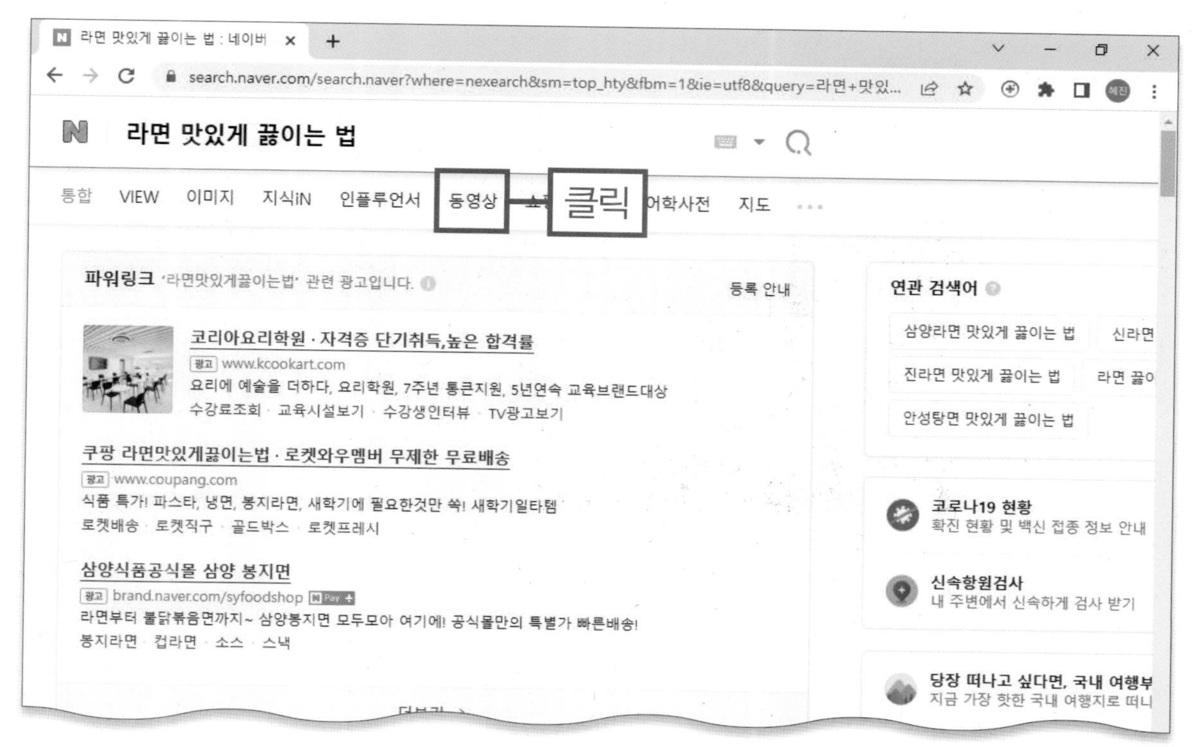

03 '관련도순'으로 라면을 끓이는 영상이 나타납니다. 첫 번째 영상 아래의 제목 부분을 클릭합니다.

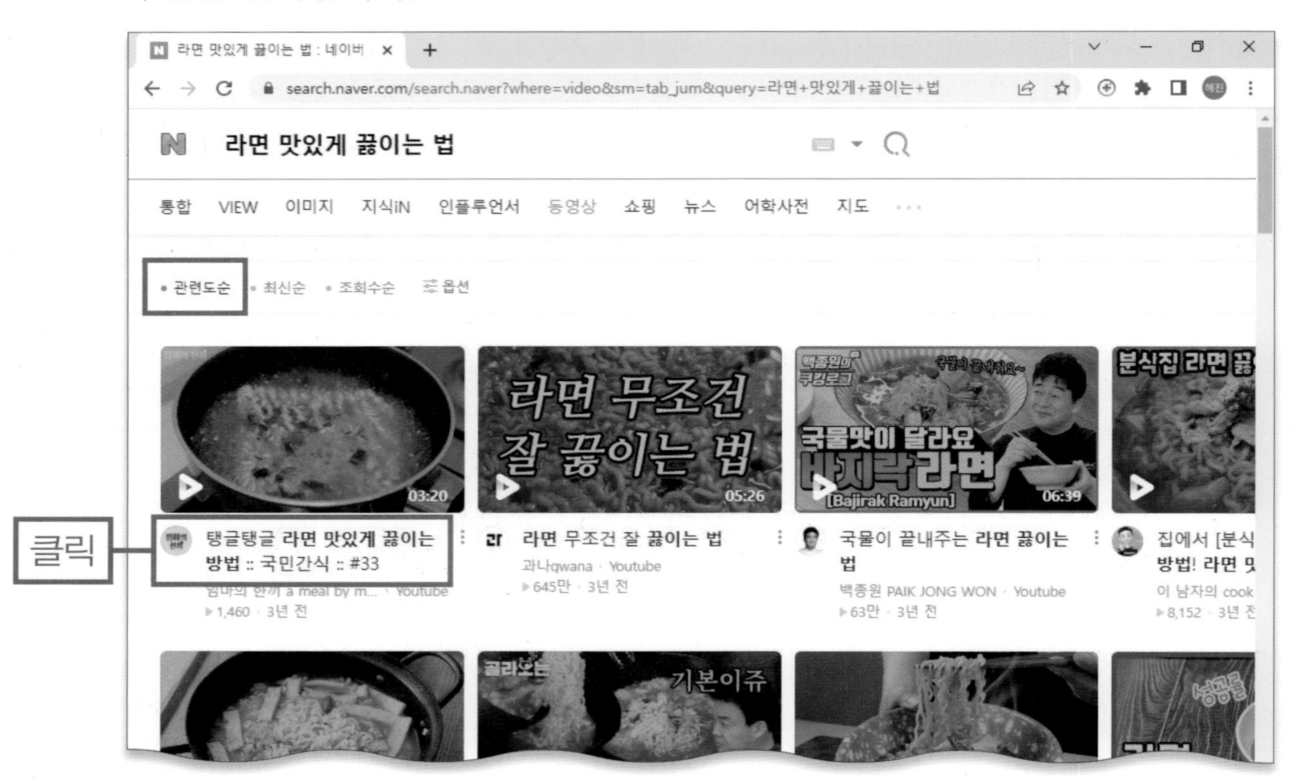

04 화면이 유튜브 사이트로 이동됩니다. 유튜브 영상을 시청할 수 있습니다.

혼자서도 만들 수 있어요!

1 유튜브 사이트에서 '시니어 건강체조'를 검색하여 영상을 시청해 보세요.

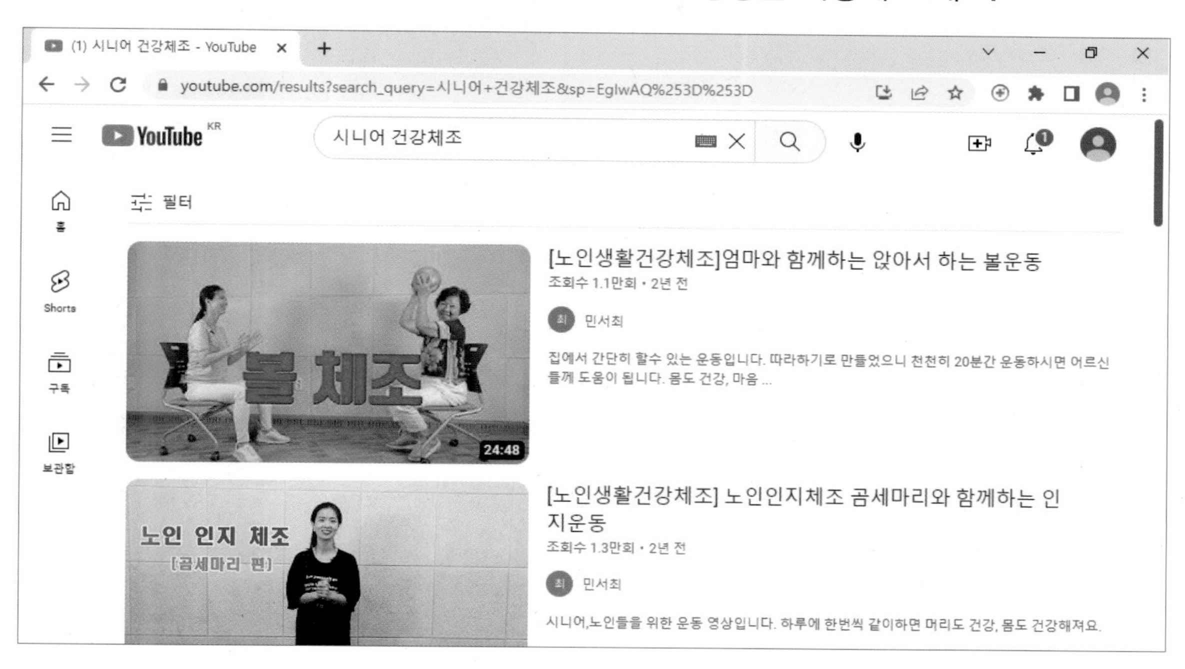

hint 유튜브 사이트 검색란에 '시니어 건강체조'를 입력하고 검색 → 원하는 영상을 클릭하여 시청

2 네이버 사이트에서 '시니어 취업'을 검색한 후 유튜브 영상을 찾아서 시청해 보세요.

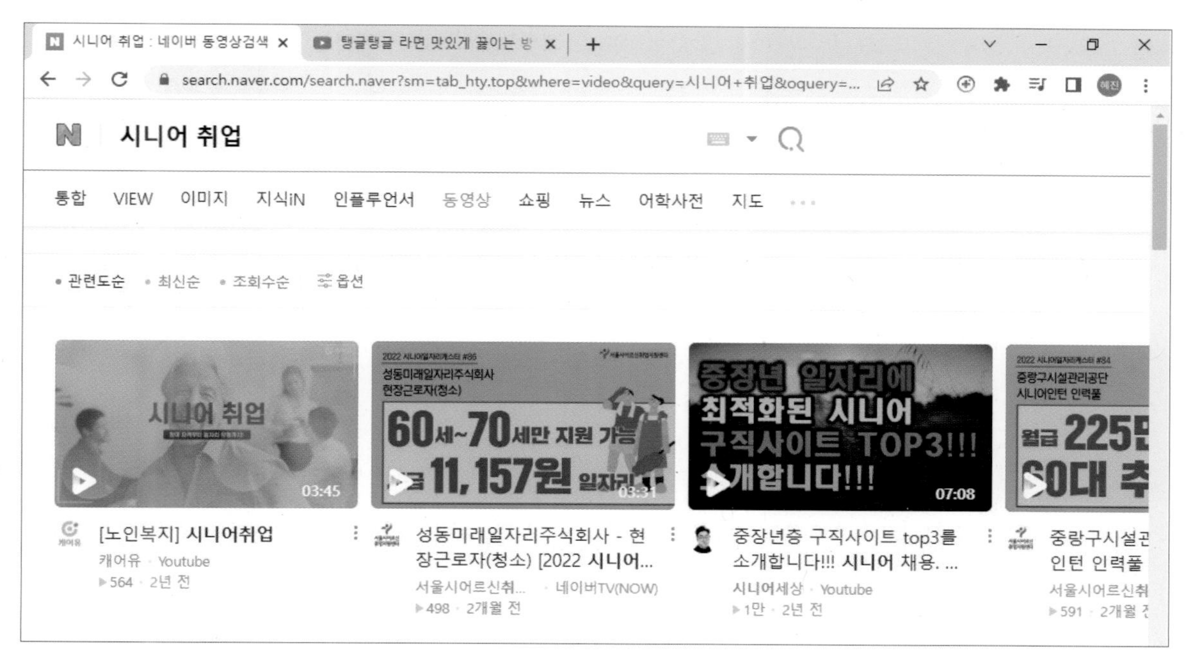

hint 네이버 검색란에 '시니어 취업'을 입력하고 검색 → 동영상 아래에 있는 제목을 클릭하여 시청

CHAPTER 04

유튜브 시작은 어떻게 하는 걸까?

POINT

유튜브 동영상을 시청하는 것 이외 다양한 활동을 시작하기 위해 기본적으로 해야 할 작업에 대해서 알아봅니다.

완성 화면 미리 보기

여기서 배워요!

구글 계정으로 나만의 아이디 만들기, 컴퓨터에서 구글 계정으로 유튜브에 로그인하기

STEP 01 구글 계정으로 나만의 아이디 만들기

01 [크롬 브라우저]( )를 실행한 후 '구글'을 입력하여 검색합니다. [구글]을 클릭합니다.

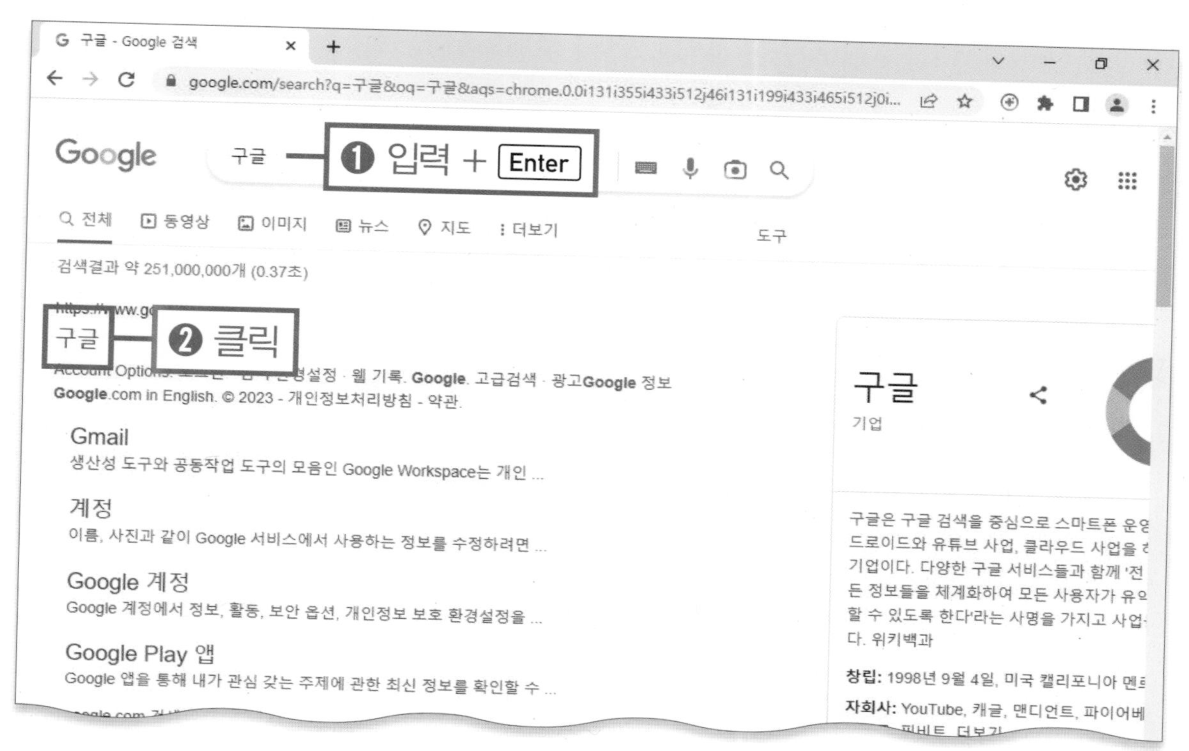

02 오른쪽 위에 있는 [로그인] 버튼을 클릭합니다.

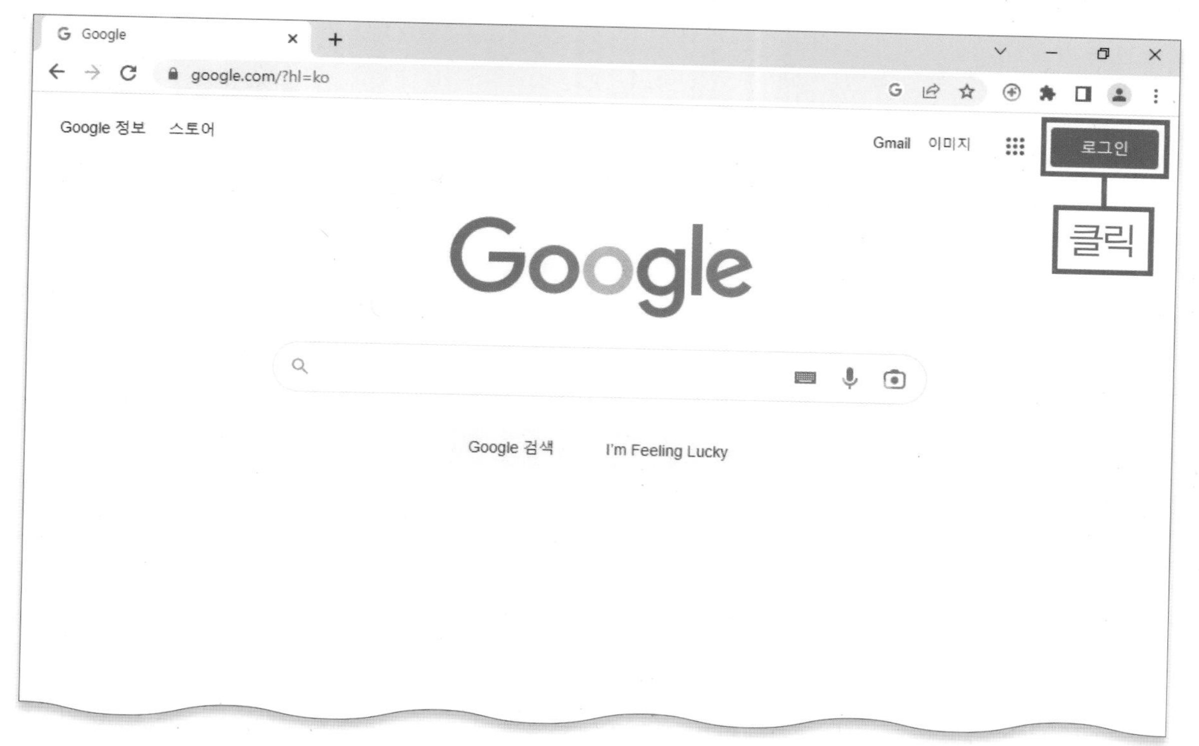

03

로그인 창이 열리면 [계정 만들기]를 클릭합니다. '본인 계정'과 '자녀 계정', '비즈니스 관리 계정' 중에서 [본인 계정]을 클릭합니다.

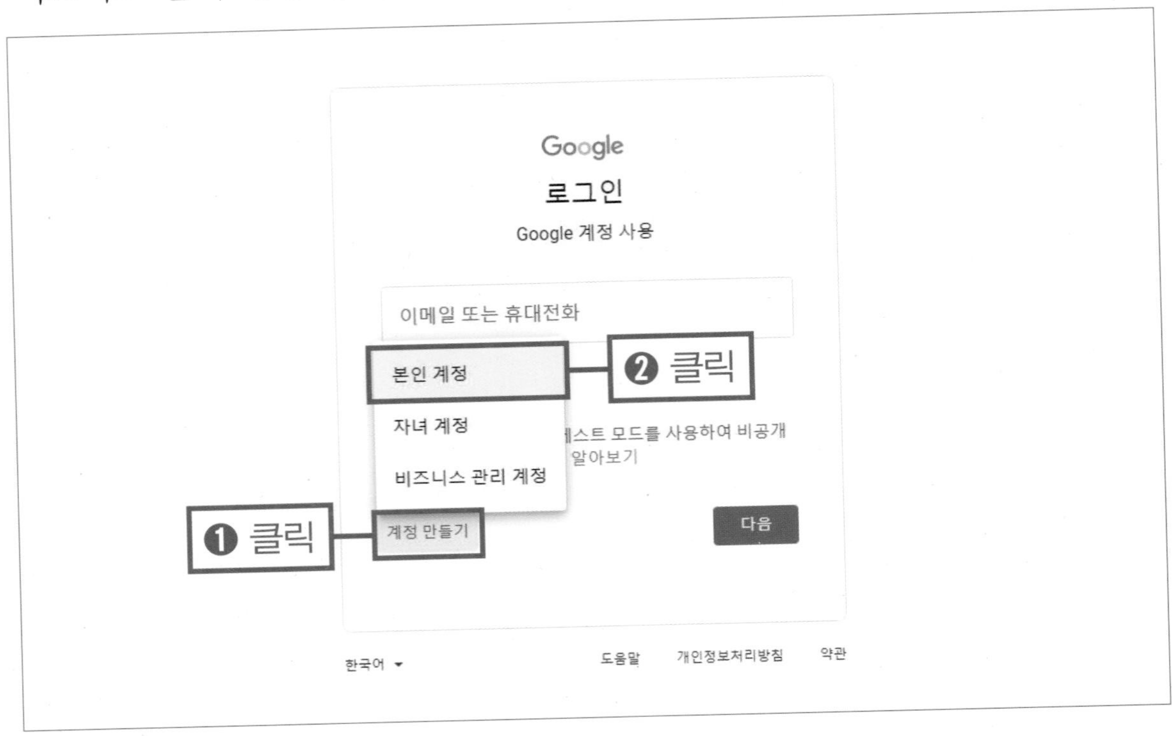

04

'성'과 '이름'을 입력합니다. '사용자 이름'에는 사용할 '아이디명'을 넣어줍니다. 사용할 '비밀번호'를 입력하고 '확인'에 한 번 더 동일한 비밀번호를 입력한 후 [다음] 버튼을 클릭합니다.

05 '전화번호'를 입력한 후 자신의 휴대전화에 온 문자 인증 메시지를 기입합니다. '생년월일'과 '성별'을 입력하고 [다음] 버튼을 클릭합니다.

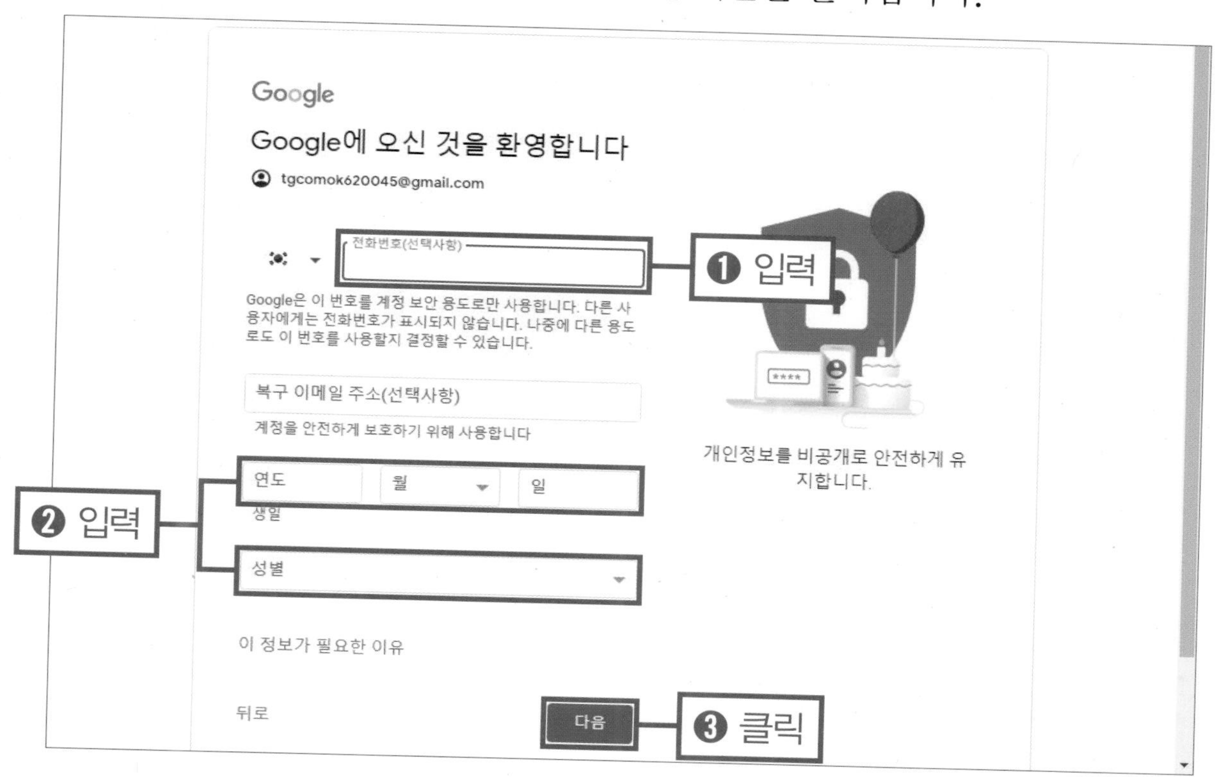

06 '개인정보 보호 및 약관' 창이 나오면 스크롤 막대를 드래그해 내용을 확인합니다. 약관의 [동의]를 클릭해 체크한 다음 [계정 만들기]를 클릭합니다.

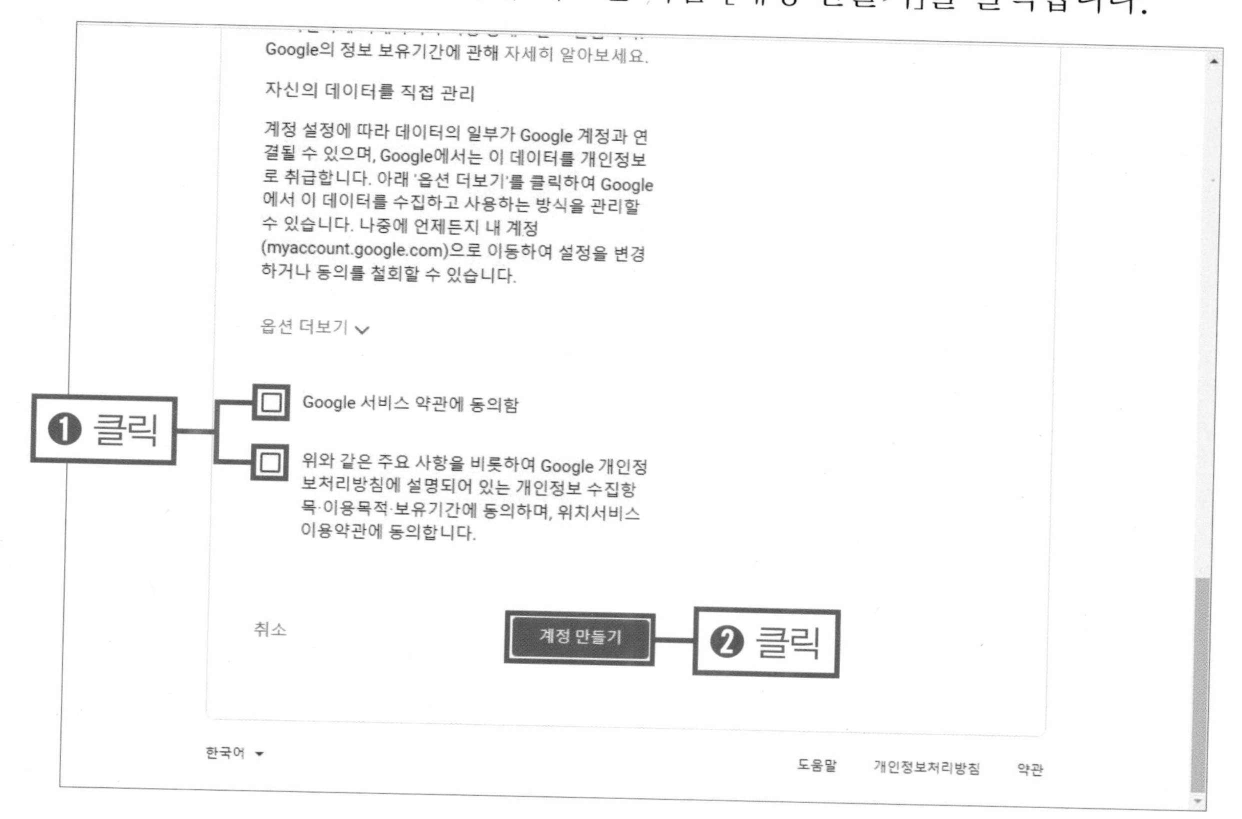

STEP 02 컴퓨터에서 구글 계정으로 유튜브에 로그인하기

01 구글에서 [로그인] 버튼을 클릭합니다.

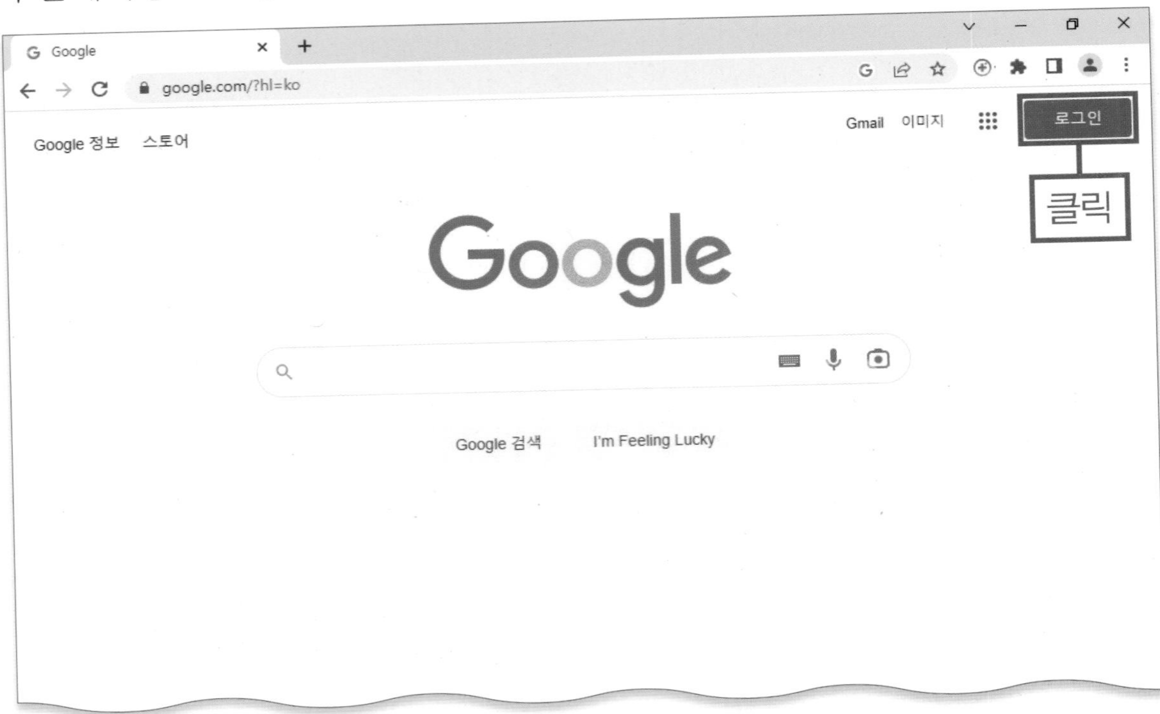

02 구글 계정 입력 화면이 나타나면 가입한 아이디를 입력하고 [다음] 버튼을 클릭합니다.

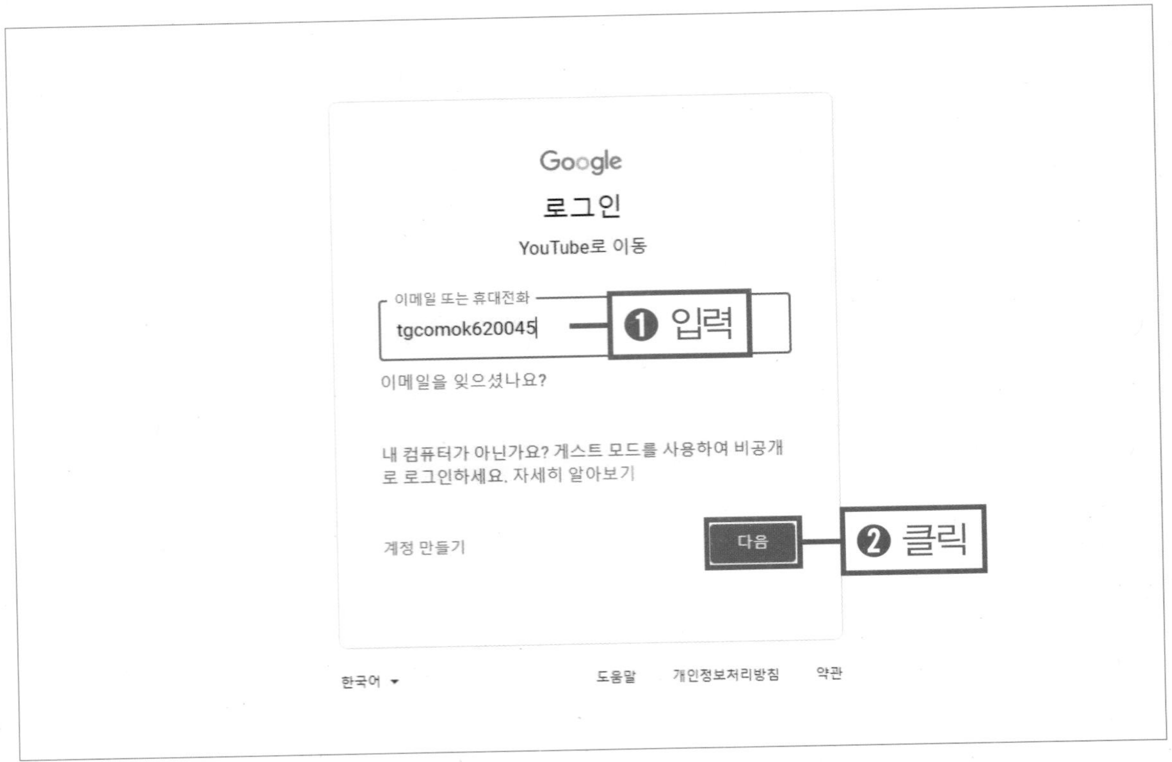

03 [비밀번호 표시]를 클릭해 체크한 후 '비밀번호 입력'란에 비밀번호를 입력합니다. [다음] 버튼을 클릭합니다.

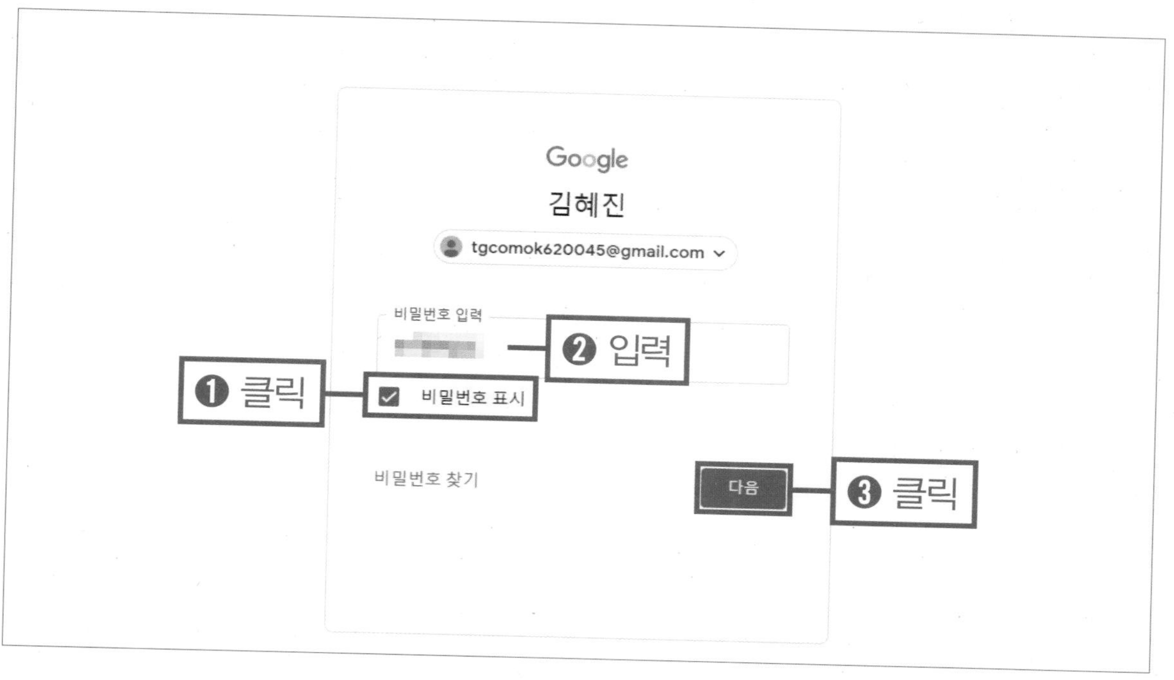

조금 더 배우기

[비밀번호 표시]를 클릭하면 '*****'으로 보였던 비밀번호가 입력한 형태의 문자열로 나타납니다.

04 오른쪽 위의 동그라미 안에 본인 이름의 [Google 계정]( )이 나타나면 왼쪽의 [구글 앱]( ) 아이콘을 클릭합니다. 목록에서 [YouTube]를 클릭합니다.

CHAPTER 05

유튜브 기본 화면 구성 알아보기

POINT

유튜브 영상을 시청하기 위한 화면 구성에 대해서 알아봅니다. 유튜브 이용 시 동영상과 채널에 대한 세부 메뉴를 익히며 유튜브를 좀 더 재미있게 사용해 보도록 합니다.

완성 화면 미리 보기

여기서 배워요!

홈 화면 둘러보면서 유튜브 이해하기, 유튜브 화면 살펴보기, 필터 기능을 이용해서 찾아보고 싶은 동영상 검색하기

STEP 01 홈 화면 둘러보면서 유튜브 이해하기

유튜브의 기본 홈 화면은 '상단 메뉴', '주요 메뉴', 그리고 '동영상 영역'으로 구성되어 있습니다.

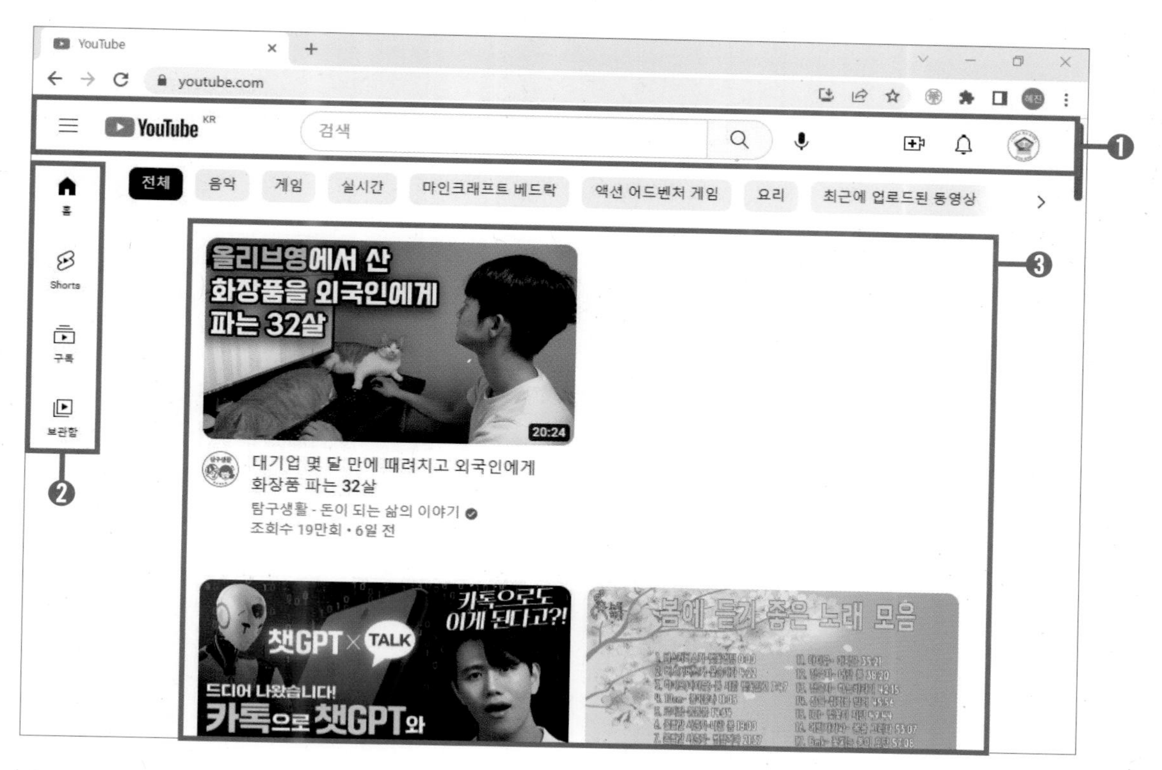

❶ **상단 메뉴** : 중요한 기능만 모아 놓은 상단 고정 메뉴입니다. '동영상 검색'과 '동영상 업로드', '계정 관리', '환경설정'을 확인할 수 있습니다.

- **[가이드]**(☰) : '간단히'와 '자세히'로 변경하면서 보관함에 대한 자세한 영상 목록과 구독한 채널명을 자세히 확인할 수 있습니다. 설정 등의 작업을 할 때는 유튜브 메뉴 역할을 합니다.
- **[만들기]**( ) : [동영상 업로드], [실시간 스트리밍 시작] 메뉴를 선택하여 유튜브 채널에 동영상을 업로드하거나 실시간으로 동영상을 스트리밍할 수 있습니다.
- **[알림]**( ) : 알림 설정한 채널에 대한 새로운 동영상 업로드 등을 확인할 수 있습니다.
- **[프로필]**( ) : [내 채널], [YouTube 스튜디오] 등을 확인할 수 있으며 다른 계정으로 전환하거나 로그아웃할 때 사용할 수 있습니다.

❷ **주요 메뉴** : [홈]( ), [Shorts]( ), [구독]( ), [보관함]( ) 등의 기능을 확인할 수 있습니다.

❸ **동영상 영역** : 로그인하기 전에는 유튜브에서 가장 인기 있는 동영상이 표시되며, 로그인한 후에는 맞춤 동영상이 표시됩니다.

STEP 02 유튜브 화면 살펴보기

홈 화면의 왼쪽에 있는 [가이드]( )를 클릭하면 나타납니다.

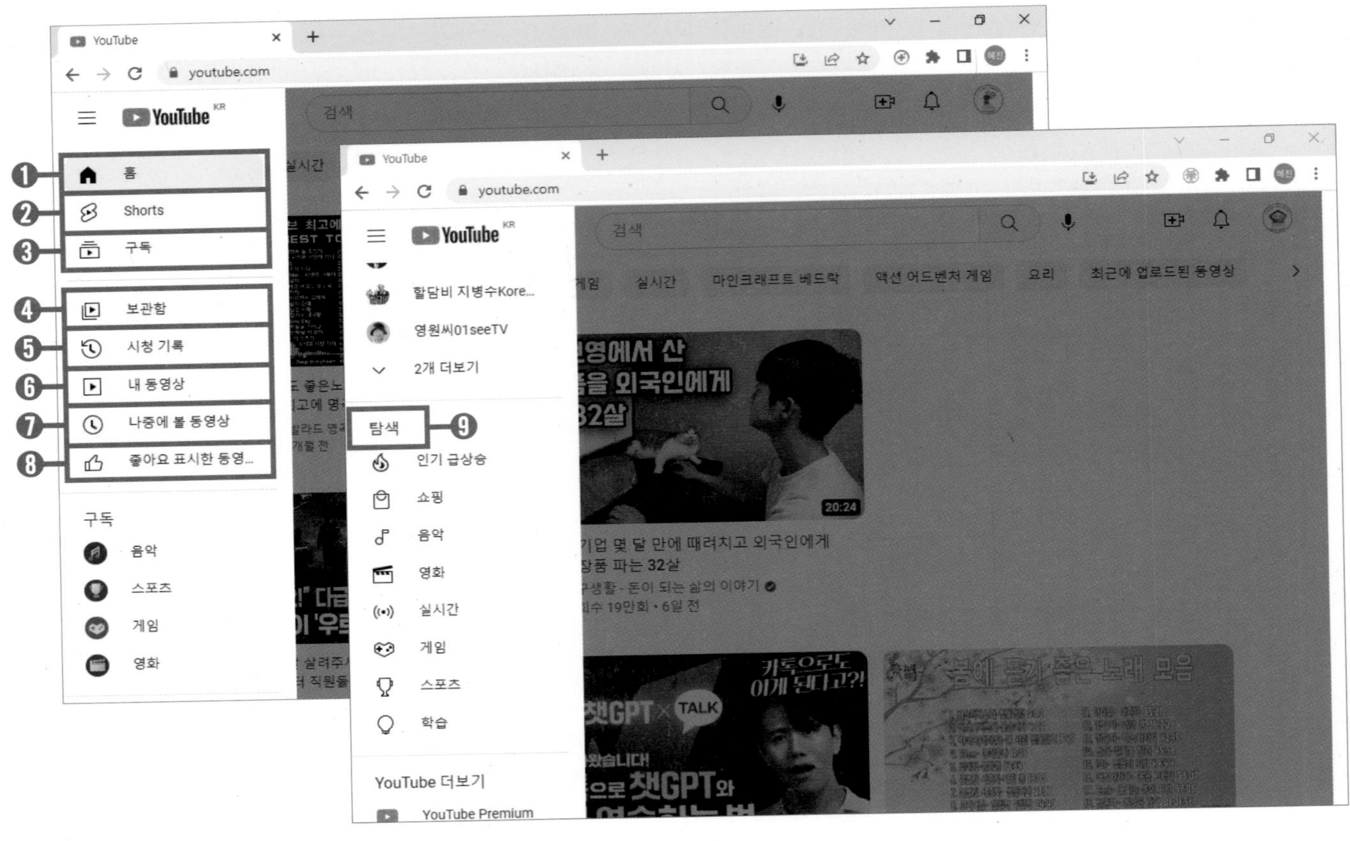

❶ [홈]( ) : 클릭하면 유튜브 메인 화면으로 이동할 수 있습니다.

❷ [Shorts]( ) : 인기 있는 동영상을 주제별로 확인할 수 있습니다.

❸ [구독]( ) : '구독'한 채널의 최신 동영상을 표시하는 공간입니다.

❹ [보관함]( ) : '저장'하거나 '좋아요'를 표시한 동영상을 보기 위한 공간입니다.

❺ [시청 기록]( ) : 앞서 본 영상들이 자동으로 목록에 남아 확인할 수 있는 공간입니다.

❻ [내 동영상]( ) : 채널 아이디로 유튜브에 업로드한 영상들만 모아서 확인하는 공간입니다.

❼ [나중에 볼 동영상]( ) : 동영상 중 '나중에 볼 동영상'으로 선택한 영상의 목록을 확인하는 공간입니다.

❽ [좋아요 표시한 동영상]( ) : [좋아요]를 누른 동영상을 확인하는 공간입니다.

❾ 탐색 : 현재 유튜브에서 인기를 얻고 있는 동영상을 주제별로 확인할 수 있는 공간입니다.

STEP 03 필터 기능을 이용해서 찾아보고 싶은 동영상 검색하기

01 원하는 주제의 동영상을 검색하려면 검색란에 관련 단어를 입력합니다. 검색한 단어의 추천 단어 목록도 확인할 수 있습니다.

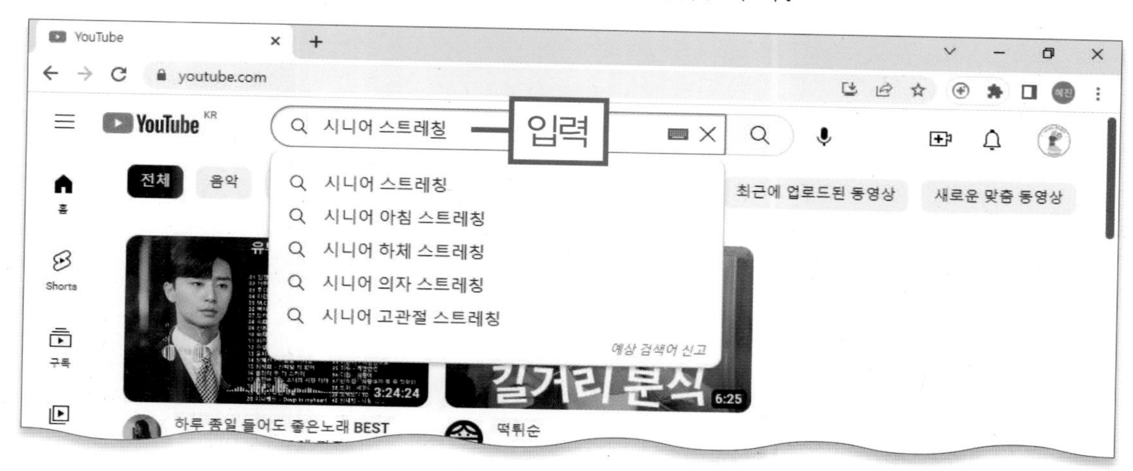

02 유튜브에 올라오는 영상은 워낙 많기 때문에 단순 검색으로 찾기 힘든 경우가 있습니다. 자신이 원하는 영상 자료를 빠르고 정확하게 찾고 싶다면 검색란 아래에 있는 [필터]( ) 기능을 사용합니다.

조금 더 배우기

[필터]( )의 종류는 크게 '업로드 날짜', '구분', '길이', '기능별', '정렬기준'으로 나누어집니다. 멀티 조건은 필터의 그룹별 조건에서 하나씩 선택해야 합니다. 예를 들어 업로드 날짜를 [올해], 구분을 [동영상], 길이를 '단편'으로 선택하여 최신의 짧은 동영상을 빠르게 검색할 수 있습니다.

혼자서도 만들 수 있어요!

1 유튜브 영상 중 '시니어 일자리'를 검색하여 복지마을TV 영상을 구독해 보세요.

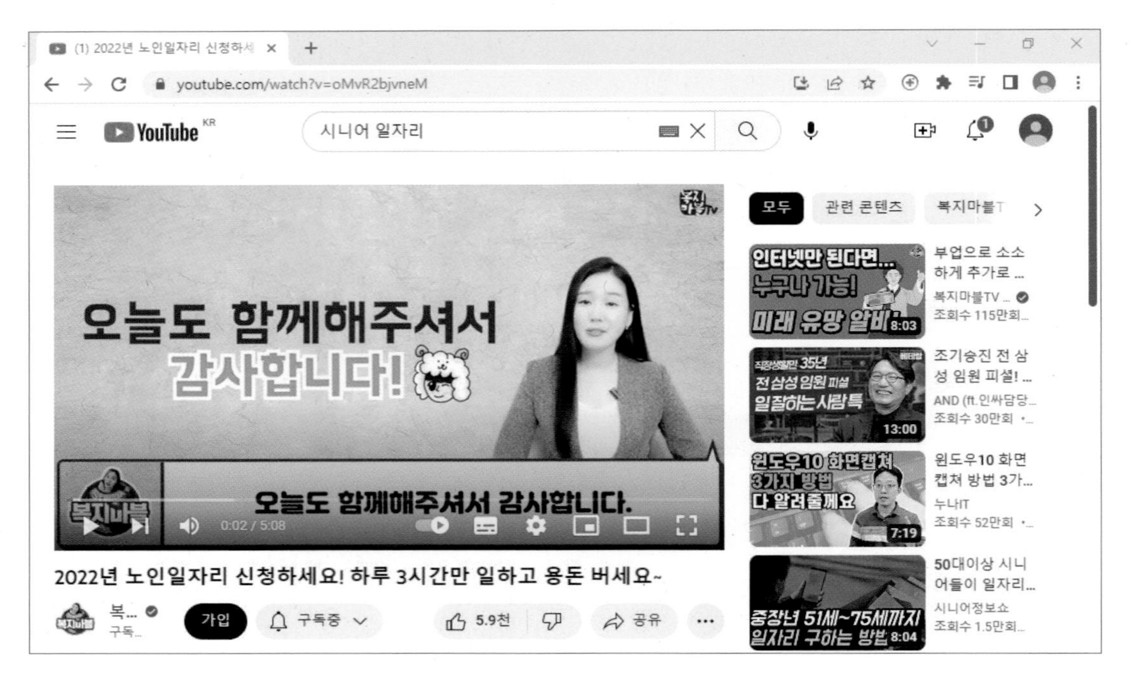

hint 유튜브 검색란에 '시니어 일자리' 검색 → 영상을 시청하면서 화면 아래에서 [구독] 클릭

2 유튜브 영상 중 '시니어 스트레칭'을 검색해서 '나중에 볼 동영상'으로 저장해 보세요.

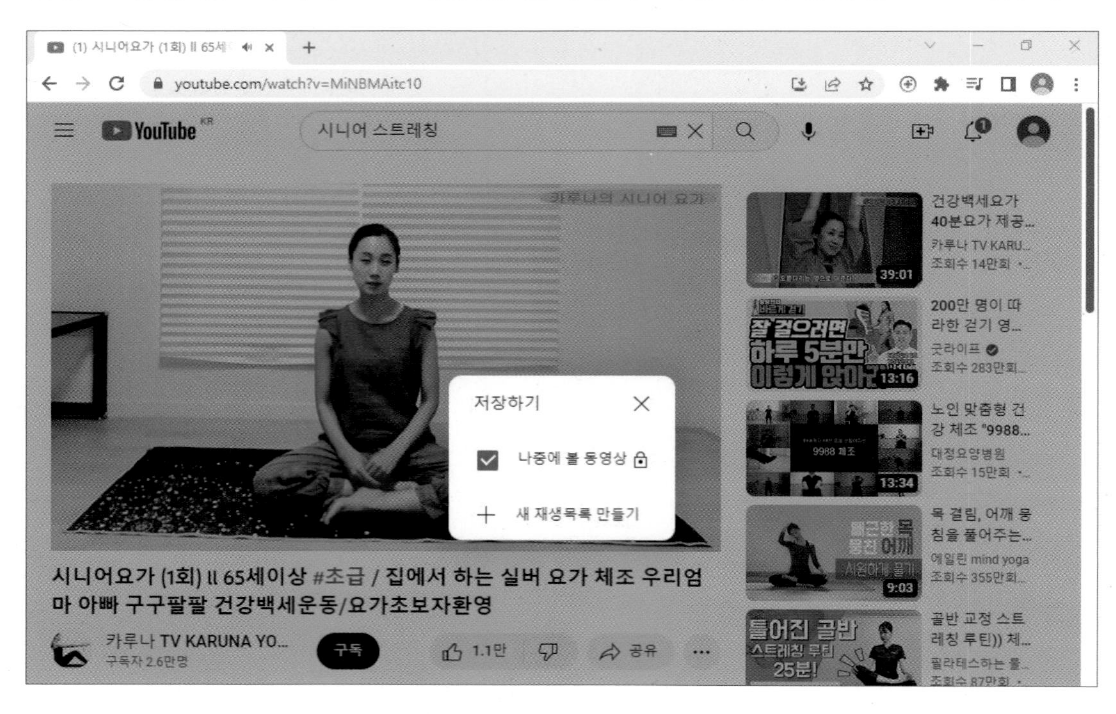

hint 유튜브 검색란에 '시니어 스트레칭' 검색 → 영상을 시청하면서 아래 화면의 [저장하기](…)를 클릭한 후 [나중에 볼 동영상] 클릭

CHAPTER 06

유튜브 동영상 재미있게 보는 방법 알아보기

POINT

검색과 필터 등의 기능을 사용하여 검색한 유튜브 동영상을 다양하게 시청하는 방법에 대해 알아봅니다.

완성 화면 미리 보기

여기서 배워요!

유튜브에서 동영상 보기 메뉴 살펴보기, 볼륨 조절하는 방법, 자막 설정하는 방법, 동영상 시청 중 재생 속도 설정하는 방법, 동영상 화질 설정하는 방법, 전체 화면 설정하는 방법, 자동재생 사용하는 방법 및 연속 재생 설정하는 방법

STEP 01 유튜브에서 동영상 보기 메뉴 살펴보기

01 동영상 [재생](▶)과 [일시중지](⏸) : 시청 중인 동영상의 재생 및 일시중지를 위한 단추입니다.

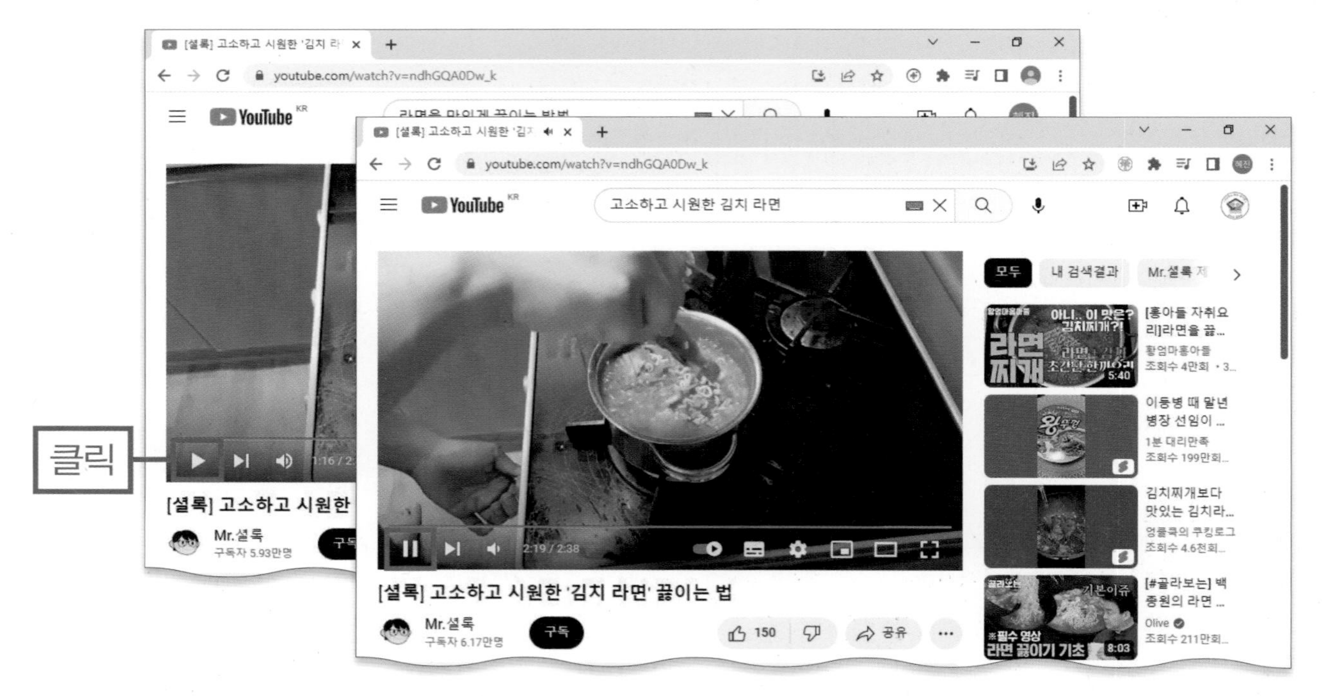

조금 더 배우기

동영상 가운데 부분을 클릭해서 재생과 일시중지를 할 수도 있습니다.

02 [다음 동영상 재생](⏭) : 시청 화면의 오른쪽에 있는 추천 동영상 목록을 순서대로 재생할 수 있는 단추입니다.

STEP 02 볼륨 조절하는 방법

01 [볼륨](🔊) 단추를 클릭하면 음소거를 할 수 있습니다. [음소거](🔇) 단추를 클릭하면 다시 소리가 들립니다.

02 동그란 모양의 [볼륨] 단추를 드래그하면 [볼륨 소리]( )를 크거나 작게 조절할 수 있습니다.

STEP 03 자막 설정하는 방법

01 유튜브에서 음성인식 기술을 사용하여 설정된 언어로 자동으로 만들어지는 자막입니다. [자막]( ) 단추를 클릭하면 아래에 빨간색 밑줄( )이 생기면서 검은색 배경에 흰색 글자 스타일로 표시됩니다. [자막]( ) 단추를 한 번 더 클릭하면 자동 자막이 해제됩니다.

02 [설정]( ) 단추를 클릭합니다. [자막]을 클릭하면 언어를 선택해서 다른 나라의 자막으로 볼 수 있습니다.

조금 더 배우기

자막의 내용이 이상하게 나오는 경우는 원본 동영상의 발음이 정확하지 않아서 입니다.

STEP 04 동영상 시청 중 재생 속도 설정하는 방법

01 [설정](⚙) 단추를 클릭한 후 [재생 속도]를 클릭합니다. '보통'은 기본 유튜브 속도입니다.

02 숫자가 크면 더 빨라지고 숫자가 작으면 영상의 재생 속도가 느려집니다.

STEP 05 동영상 화질 설정하는 방법

01 [설정](⚙) 단추를 클릭한 후 [화질]을 클릭하면 동영상의 화질을 선택할 수 있습니다.

02 화질이 '자동'으로 설정되어 있습니다. 숫자가 높아질수록 고화질, 낮아질수록 저화질의 영상을 시청할 수 있습니다.

조금 더 배우기

높은 화질을 지정했는데도 영상의 선명도가 떨어진다면 인터넷의 연결 속도가 느린 경우나 애초에 업로드된 영상이 낮은 화질로 되어 있어 선명하지 않은 경우입니다.

STEP 06 전체 화면 설정하는 방법

01 동영상을 시청하는 중 영상을 화면 전체의 크기로 보기 위해 [전체 화면]( )을 클릭합니다.

조금 더 배우기

- **[소형 플레이어]( )** : 영상을 시청하면서 다른 영상을 찾아볼 수 있도록 화면이 오른쪽 아래로 내려가면서 크기가 작아집니다. 다시 원래의 크기로 돌아가려면 [확장]( )을 클릭하거나 Esc를 누릅니다.
- **[영화관 모드]( )** : 가로로 커진 화면으로 영상을 볼 수 있으며 원래의 화면으로 돌아가기 위해서는 [기본 보기]를 클릭합니다.

02 다시 원래의 크기로 돌아오려면 [전체화면 종료]( )를 클릭합니다.

STEP 07 자동재생 사용하는 방법 및 연속 재생 설정하는 방법

01 유튜브에서 추천하는 영상을 계속 시청하고 싶을 때 설정하는 방법입니다. 자동재생이 필요 없을 때는 [자동재생 사용 중지]( )로 설정합니다.

02 시청하던 영상을 반복해서 시청하려면 영상 화면 아무 곳에 마우스 오른쪽 버튼을 누릅니다. 메뉴 목록에서 [연속 재생]을 클릭합니다. 반복 시청을 중지하려면 다시 마우스 오른쪽 버튼을 누른 후 [연속 재생]을 한 번 더 클릭합니다.

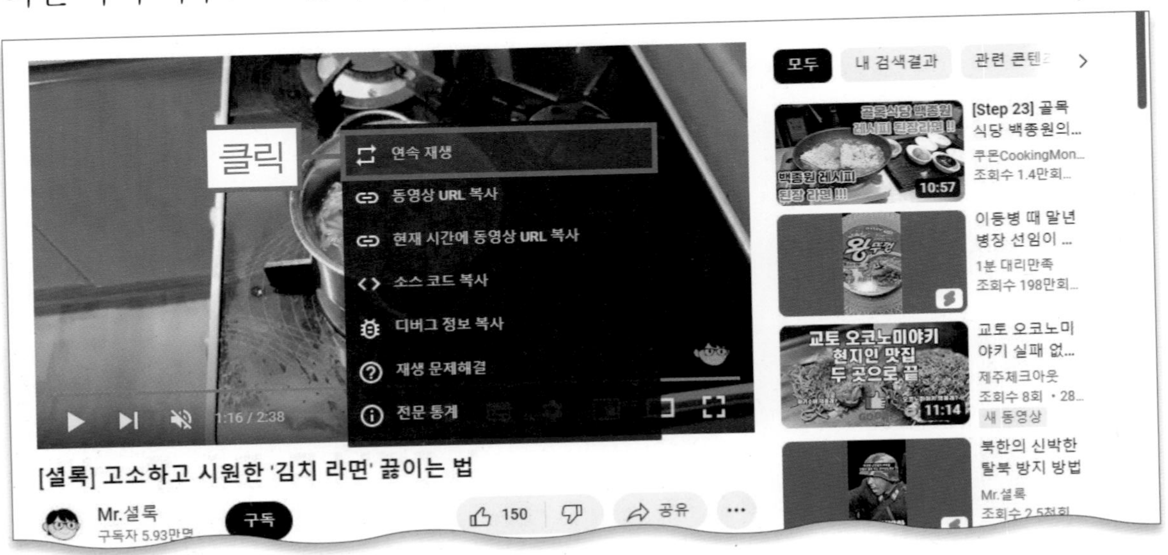

조금 더 배우기

- **[동영상 URL 복사]** : SNS나 블로그에 유튜브 동영상을 삽입하기 위해 유튜브 동영상 URL을 복사할 수 있습니다.
- **[현재 시간에 동영상 URL 복사]** : 영상의 전체 링크를 복사, 공유하는 대신 원하는 시간부터 재생되도록 복사하는 방법입니다.

혼자서도 만들 수 있어요!

1 시니어 스트레칭 영상을 검색하여 시청한 후 영상의 재생 속도를 2배로 빠르게 설정해 보세요.

hint 유튜브 검색란에 '시니어 스트레칭' 검색 후 시청 → [설정](⚙) 단추를 클릭한 후 [재생 속도] 설정

2 시니어 스트레칭 영상을 시청하면서 자막을 설정해 보세요.

hint 시청하고 있는 영상의 [자막](▭) 단추 클릭

CHAPTER 07

재미있는 유튜브 영상 다른 사람들과 같이 보기

POINT

구독과 댓글을 설정하고 재생 목록을 만드는 방법 등을 통해 동영상을 다른 사람과 공감하고 공유하는 법을 알아봅니다.

완성 화면 미리 보기

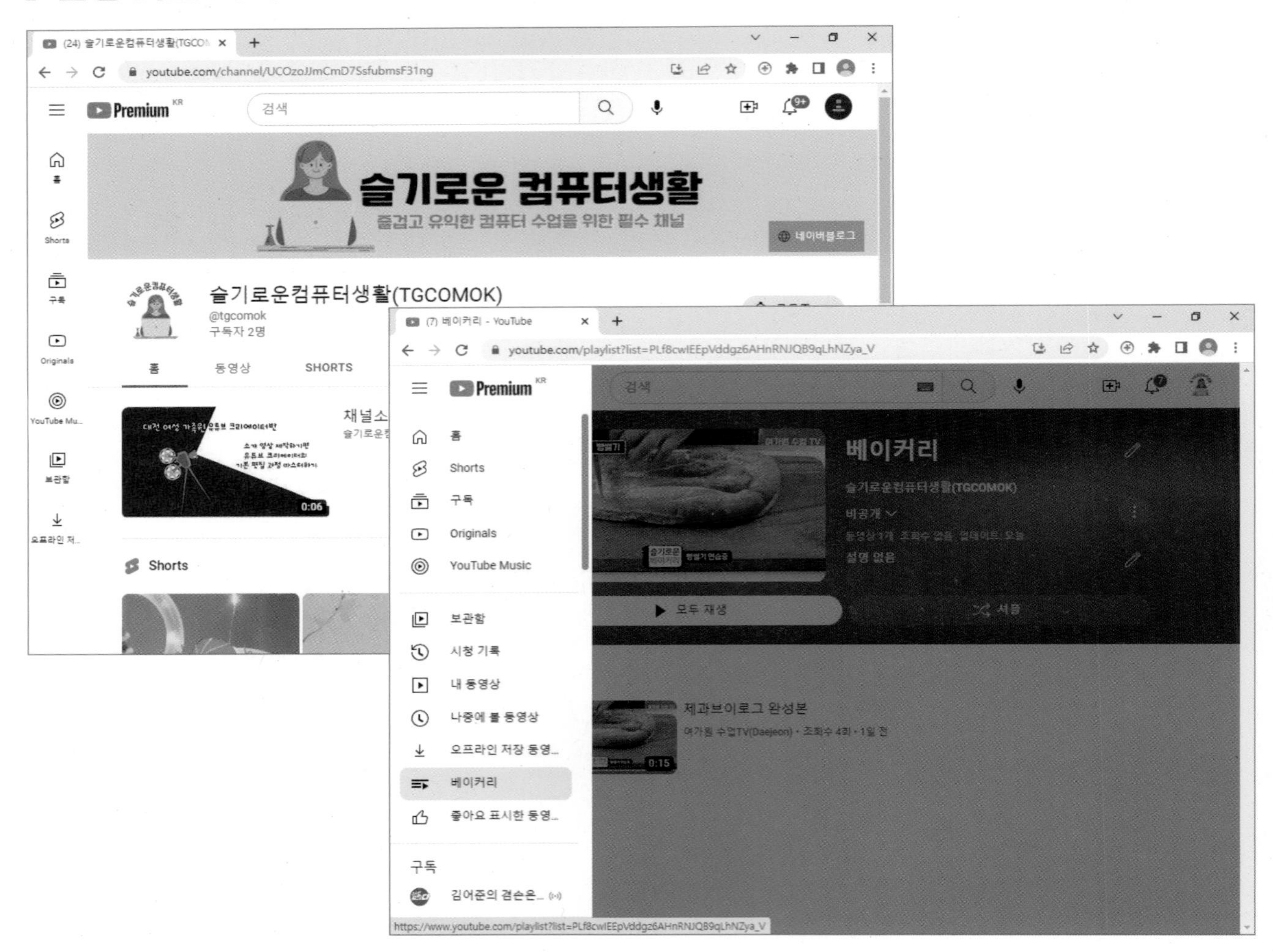

여기서 배워요!

동영상 구독으로 계속 보기, 동영상을 평가하는 방법, 동영상 공유하기, 동영상을 주제별로 보관해서 관리하기

STEP 01 동영상 구독으로 계속 보기

01 유튜브의 [구독]은 시청하는 사람이 편하게 보기 위해 즐겨찾기 해놓는 기능입니다. 새로운 영상이 올라오면 빠르게 확인할 수 있습니다. 시청 중인 영상이나 채널에서 [구독]을 클릭합니다.

02 구독한 채널을 확인하려면 유튜브 홈 화면 왼쪽에 있는 주메뉴 중 '구독' 목록을 확인합니다. 구독한 채널의 영상을 확인할 수 있습니다.

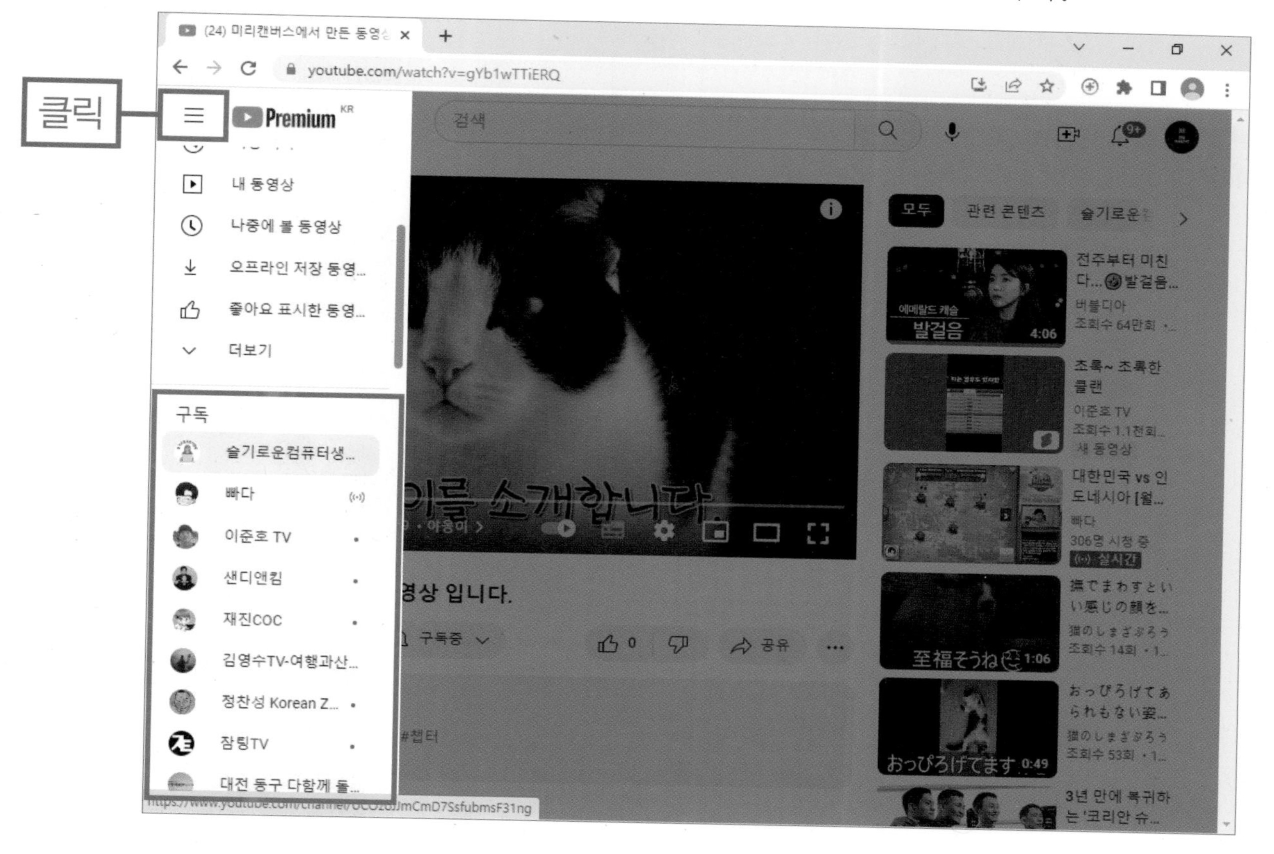

STEP 02 동영상을 평가하는 방법

01 동영상에 [좋아요](1)를 표시하는 것은 유튜버가 올린 동영상에 호감을 표현하는 것입니다. 시청 중인 동영상 화면에서 [좋아요](0)를 클릭합니다.

조금 더 배우기

- [좋아요]를 누르면 '좋아요' 아이콘의 색상이 변경되면서 숫자가 올라갑니다.
- 로그인된 상태라면 '좋아요 표시한 동영상' 재생목록에 동영상이 추가됩니다.

02 동영상이 마음에 들지 않아 구독을 취소하고 싶다면 동영상에 있는 [구독중]( )을 클릭한 후 [구독 취소]( )를 선택합니다.

STEP 03 동영상 공유하기

01 유튜브 동영상은 이메일, 페이스북, 카카오톡 또는 다른 웹 사이트 등을 통해 다른 사람에게 공유할 수 있습니다. 시청 중인 유튜브 동영상 아래쪽의 [공유]를 클릭합니다.

02 다양한 SNS의 게시물로 공유할 수 있는 공유 링크 URL 주소가 생성되면 [복사]를 클릭합니다. 카카오톡이나 블로그 등 원하는 곳에 [붙여넣기]한 다음 [전송]합니다.

STEP 04 동영상을 주제별로 보관해서 관리하기

01 다양한 종류의 동영상을 주제별로 보관해 두었다가 순서대로 재생할 수 있도록 재생목록을 만들어 봅니다. 시청 중인 유튜브 동영상 아래쪽에 있는 [더보기](…)를 클릭한 후 [저장]을 클릭합니다.

02 '저장하기' 창이 나타나면 [새 재생목록 만들기]를 클릭합니다.

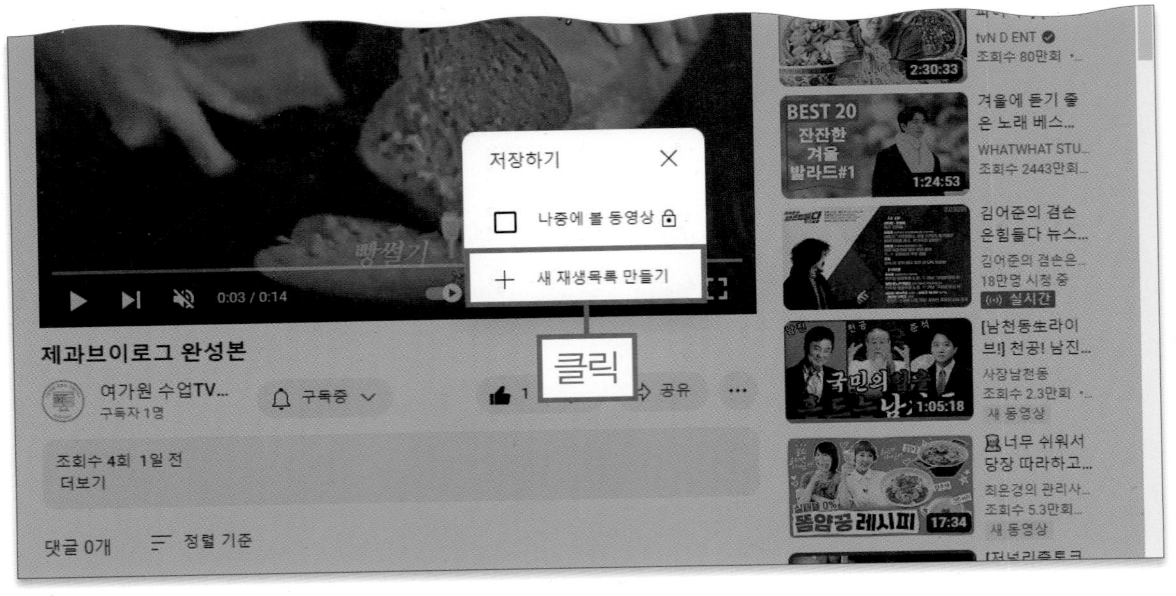

03 재생목록의 주제에 맞는 '이름'을 입력하고 '공개 범위' 설정을 확인한 다음 [만들기]를 클릭합니다. 여기서는 '이름'에 '베이커리', '공개 범위'를 '비공개'로 선택했습니다.

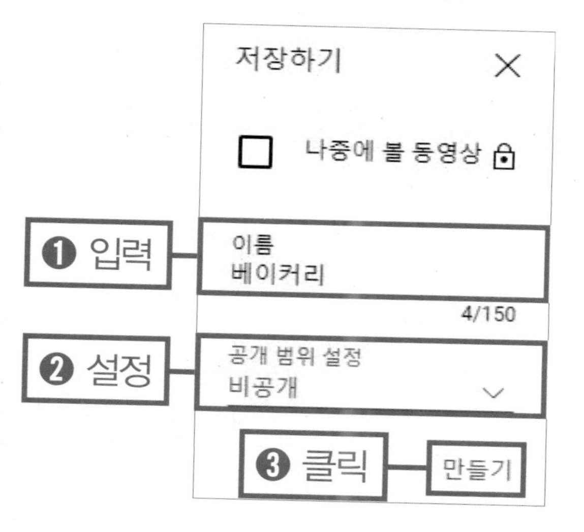

- 재생목록은 동영상을 모아 놓은 목록입니다. 누구나 재생목록을 만들고 공유할 수 있으며, 다른 사람들이 내 재생목록에 동영상을 추가할 수도 있습니다.
- 재생목록의 이름은 최대 150자까지 입력할 수 있습니다.
- 공개 범위의 설정
  - **공개** : 모든 사람이 나의 재생목록을 확인할 수 있습니다.
  - **일부 공개** : 내 재생목록의 링크를 공유받은 사람들만 확인할 수 있습니다.
  - **비공개** : 나만 확인할 수 있습니다.

04 유튜브 홈 화면에서 [가이드](≡)를 클릭합니다. 재생목록에서 [베이커리]를 클릭해서 동영상 목록을 확인합니다.

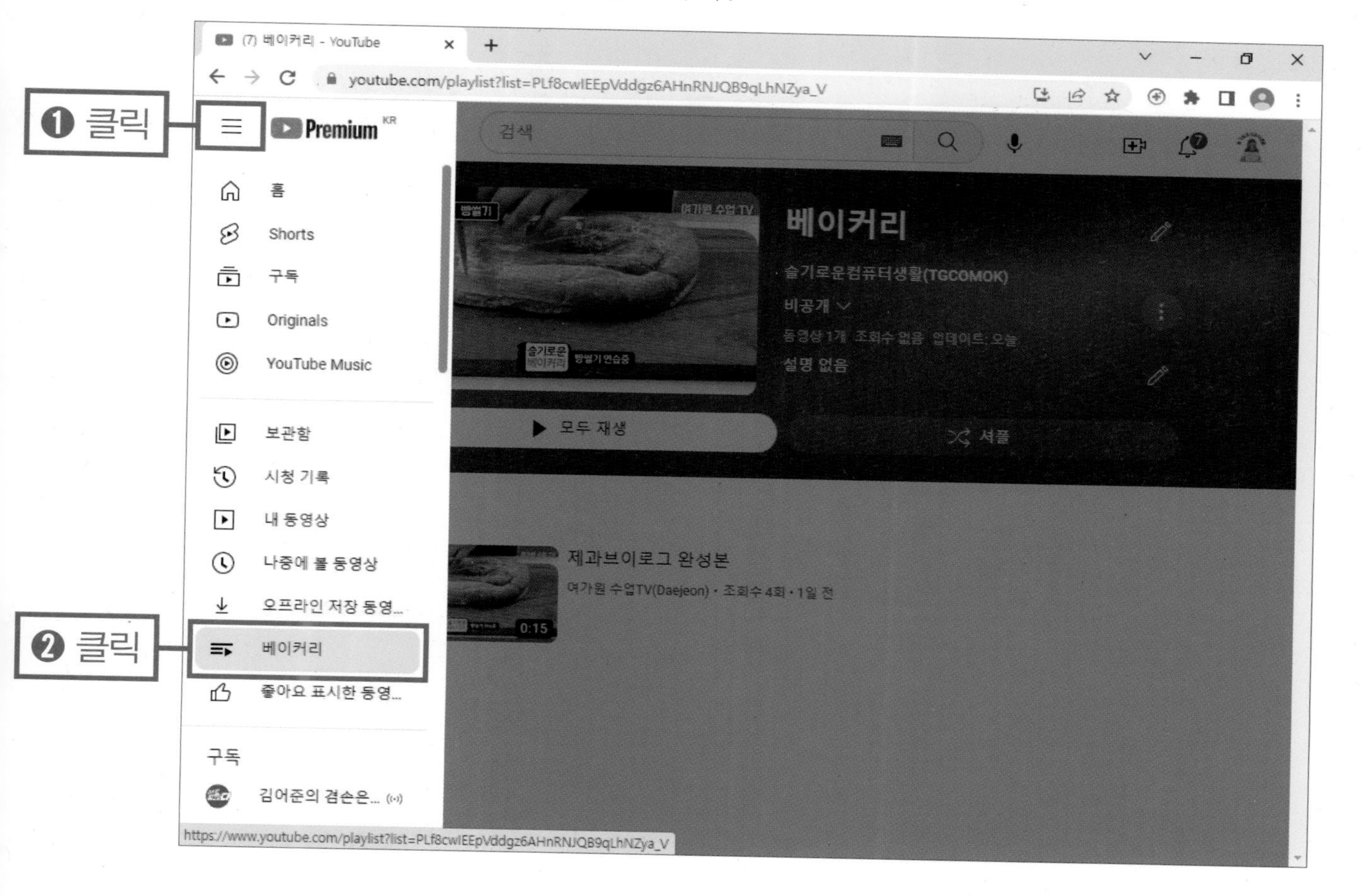

혼자서도 만들 수 있어요!

1 '시니어 스트레칭' 영상을 검색한 후 '운동'이라는 새 재생목록을 만들어 저장해 보세요.

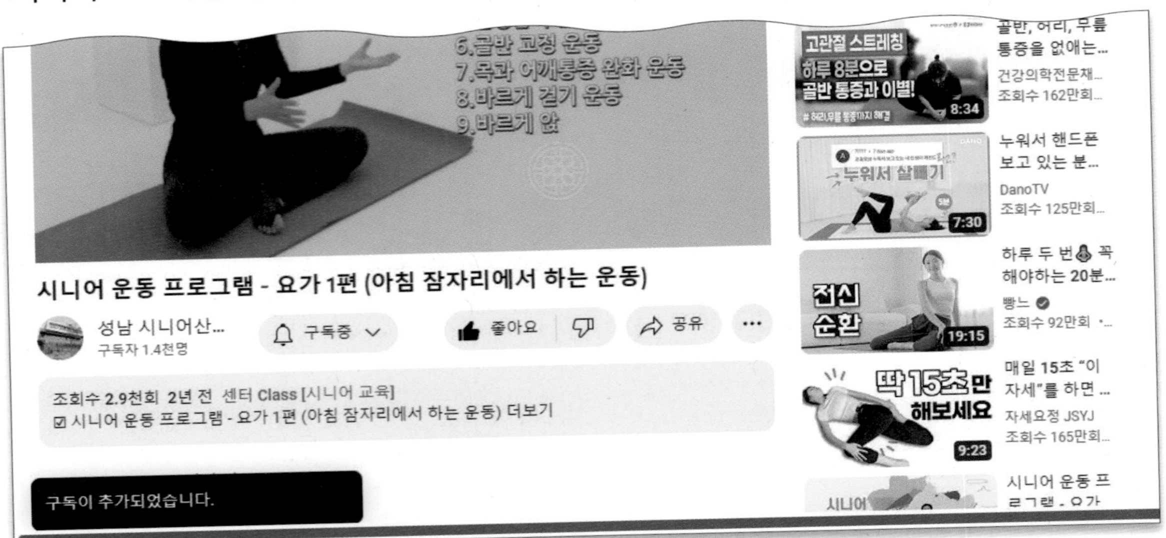

hint 유튜브에서 '시니어 스트레칭' 검색 → [더보기](⋯)를 클릭한 후 [저장]을 클릭 → '이름'을 '운동'이라고 입력한 후 [만들기] 클릭

2 '시니어 스트레칭'과 '시니어 취업' 영상 중 하나를 카톡으로 공유해 보세요.

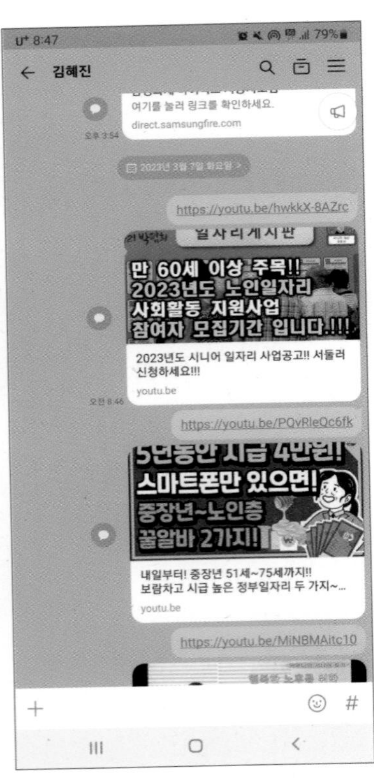

hint 유튜브에서 '시니어 스트레칭', '시니어 취업' 검색 → [공유]를 클릭한 후 [복사]를 클릭 → [카카오톡]을 선택한 후 로그인한 다음 [붙여넣기]하여 공유

CHAPTER 08

스마트폰에서 유튜브 로그인하기

POINT

스마트폰의 보안과 서비스 이용을 위해 대부분 구글 계정으로 로그인되어 있지만 PC에서 새로 구글 계정을 만들었다면 스마트폰에서 새로 로그인해야 합니다. 이동하면서 원하는 영상을 시청하기 위해 스마트폰으로 로그인하는 방법을 알아봅니다.

완성 화면 미리 보기

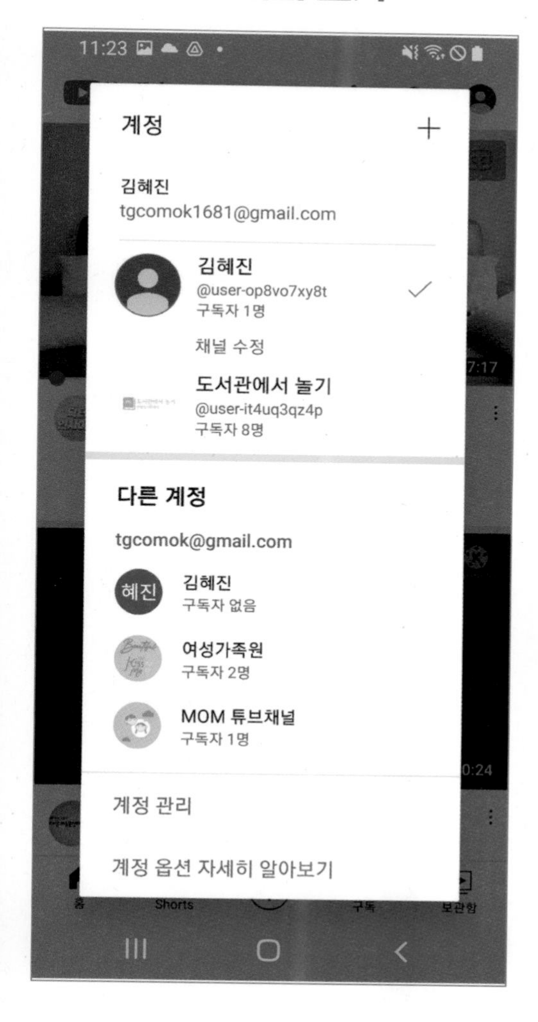

여기서 배워요!

스마트폰으로 유튜브에 접속해 구글 아이디로 로그인하기

STEP 01 스마트폰으로 유튜브에 접속해 구글 아이디로 로그인하기

01 스마트폰에서 [YouTube] 앱을 터치합니다. 오른쪽 위의 [프로필]( ) 아이콘을 터치합니다. 현재 로그인된 구글 계정을 확인할 수 있습니다.

02 앞서 새로 만든 구글 계정으로 로그인하기 위해서 (>)를 터치합니다. 오른쪽 위에 있는 [추가](+)를 터치합니다.

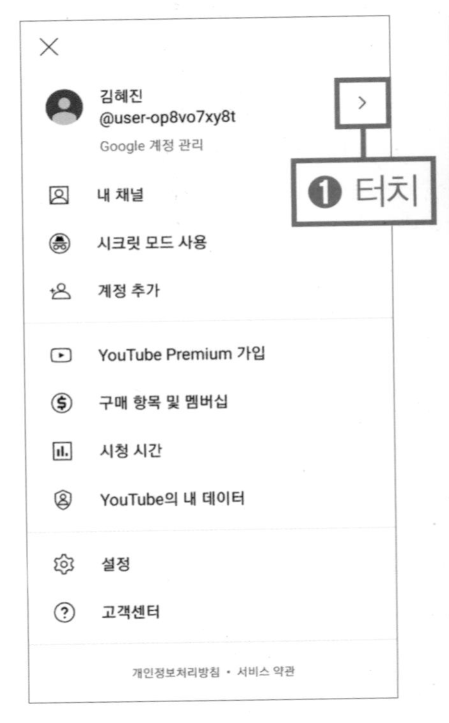

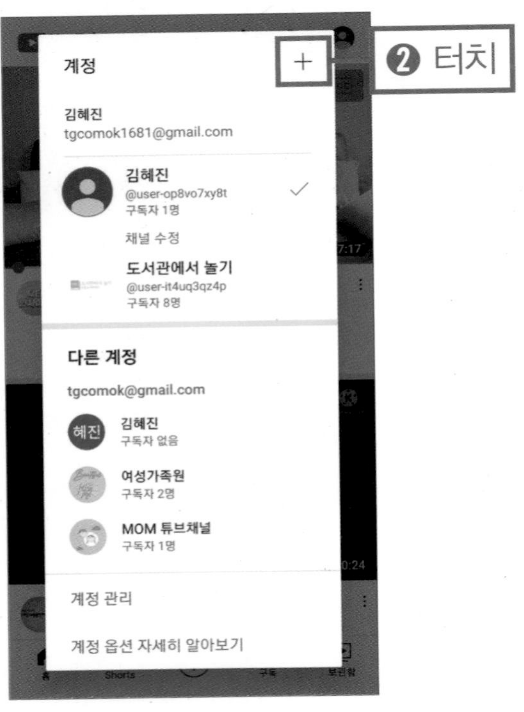

03 새로 만든 구글 계정의 '이메일 주소'를 입력한 후 [다음]을 터치합니다. '비밀번호'를 입력하고 [다음]을 터치합니다.

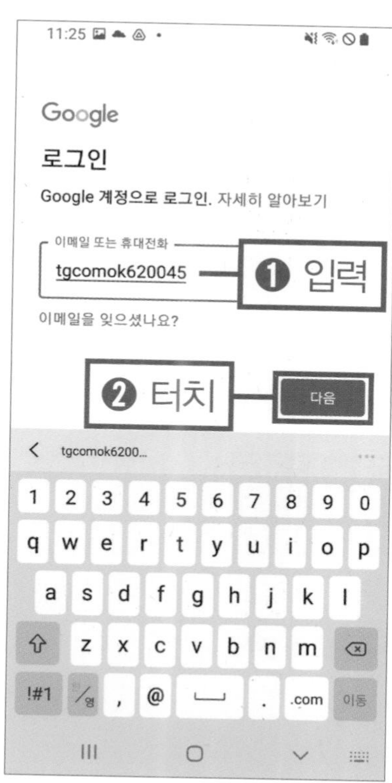

04 '전화번호를 추가하시겠습니까?'에 대한 기본 사항을 읽어 본 후 아래로 내려 [건너뛰기]를 터치합니다.

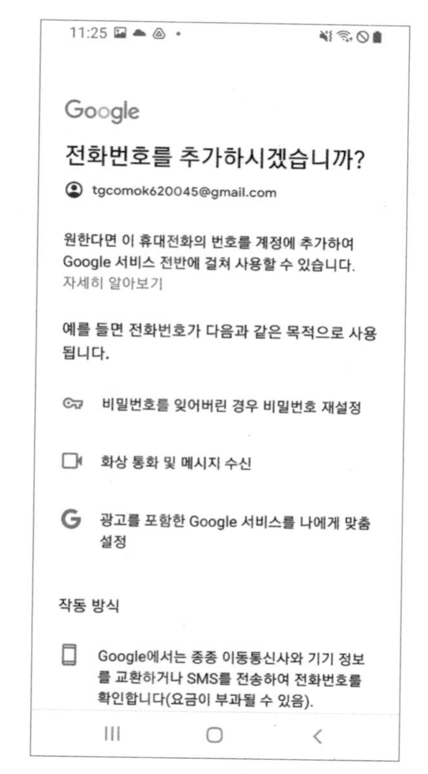

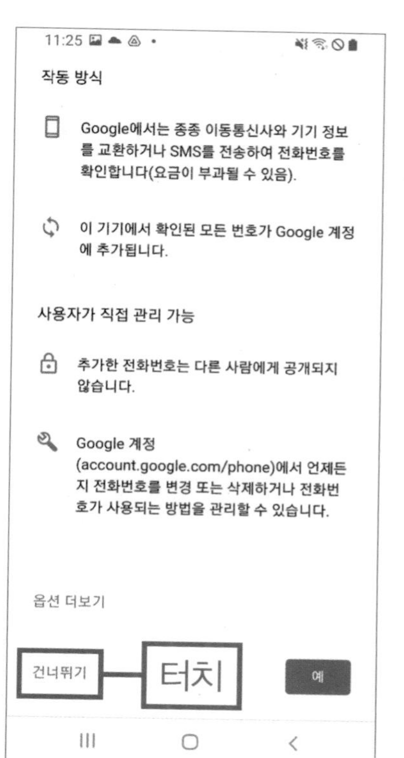

05 '시작하기' 화면에서 [동의]를 터치합니다. 오른쪽 위에 있는 로그인된 [프로필]( ) 아이콘을 확인할 수 있습니다.

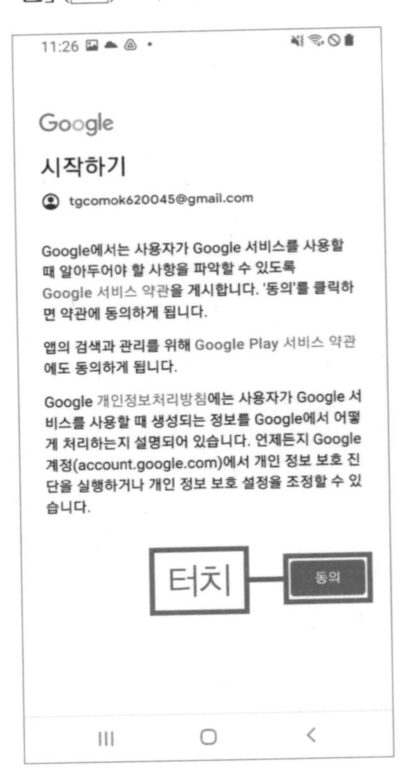

CHAPTER

09 스마트폰 유튜브 화면 구성 알아보기

POINT

스마트폰을 사용해 유튜브 영상을 시청하고 보관함에 영상을 저장해 보도록 하겠습니다. 또 갤러리에 있는 영상을 유튜브에 업로드하는 방법을 배워봅니다.

완성 화면 미리 보기

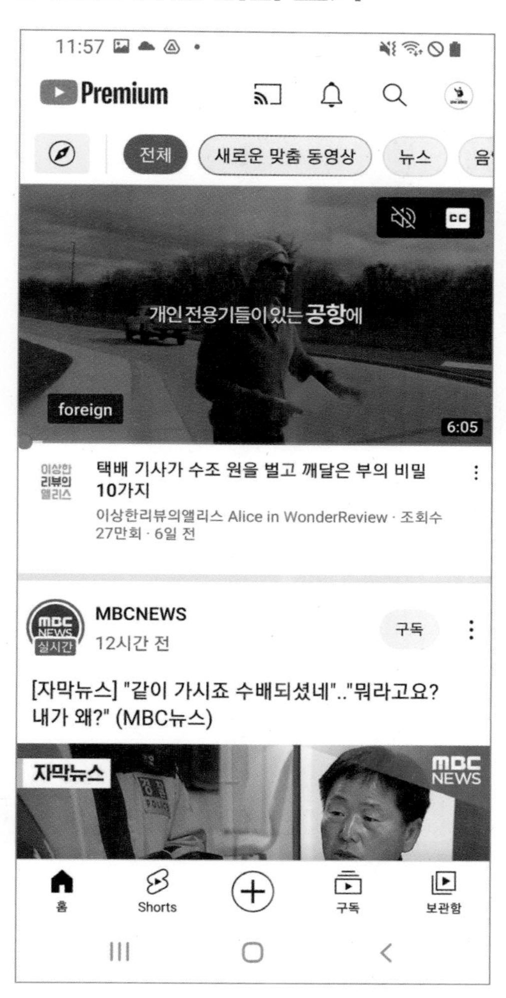

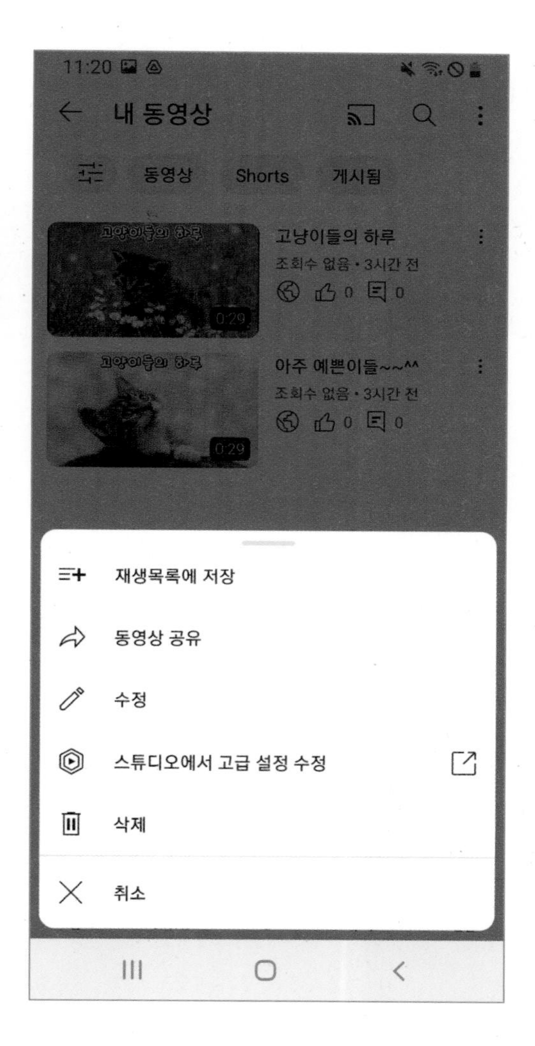

여기서 배워요!

홈 화면 둘러보면서 유튜브 시청하기, 쇼츠 영상 화면 살펴보기, 갤러리에 있는 영상 올리기, 보관함에 있는 영상 보기 및 삭제하기

STEP 01 홈 화면 둘러보면서 유튜브 시청하기

01 스마트폰에서 [YouTube] 앱을 터치합니다. 무료 이용의 경우 화면을 위에서 아래로 내리면 새로고침되면서 광고가 계속 바뀝니다. 유료인 프리미엄 회원인 경우 광고가 나타나지 않고 '새로운 맞춤 동영상'을 확인할 수 있습니다.

▶ 무료 이용

▶ 유료 이용

02 유튜브 로고 아래에 있는 [탐색]( )을 터치하면 유튜브 영상의 종류를 선택해서 시청할 수 있습니다.

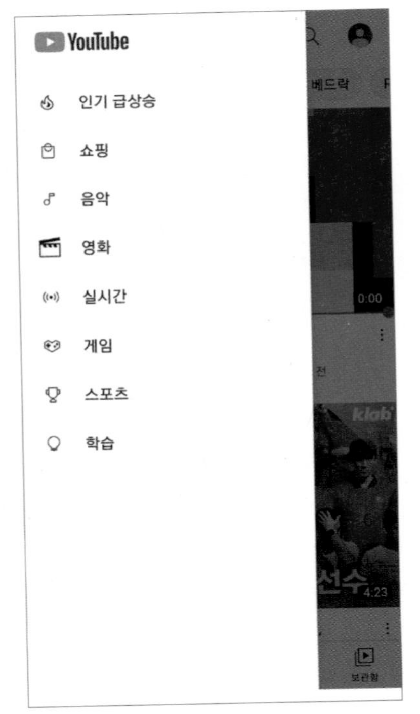

조금 더 배우기

유튜브 '홈' 화면의 메뉴를 살펴봅니다.

❶ [탐색]( ) : 현재 YouTube에서 인기 있는 동영상을 확인할 수 있습니다. 인기 급상승 동영상 목록을 스크롤하거나 음악 등 카테고리를 선택하여 원하는 주제의 동영상을 찾을 수도 있습니다.

❷ [전송]( ) : 모바일과 연결 가능한 스마트TV와 유튜브 앱을 연결할 수 있습니다.

❸ [알림]( ) : 메시지와 알림을 확인할 수 있습니다.

❹ [검색]( ) : 원하는 주제의 동영상을 검색할 수 있습니다.

❺ [홈]( ) : 계정 소유자의 활동에 따른 맞춤 동영상이 표시됩니다.

❻ [Shorts]( ) : YouTube의 짧은 동영상 콘텐츠를 찾을 수 있습니다.

❼ [만들기]( ) : 동영상을 녹화하거나 실시간 유튜브 방송을 시작하거나, 휴대기기에서 동영상을 업로드할 수 있습니다.

❽ [구독]( ) : 페이지 상단에서 구독 채널 목록을 확인할 수 있으며 구독 중인 채널의 최신 동영상이 표시됩니다.

❾ [보관함]( ) : '시청 기록', '내 동영상', '구입한 동영상', '나중에 볼 동영상', '재생목록' 등의 정보를 확인할 수 있습니다.

STEP 02 쇼츠 영상 화면 살펴보기

01 유튜브 앱 아래 메뉴에서 [Short](⑧)를 터치합니다. 맞춤 쇼츠 영상을 확인할 수 있습니다. 쇼츠 영상을 아래에서 위로 밀어 터치하면 다음으로 유튜브 시청자가 좋아할 만한 쇼츠 영상을 더 확인할 수 있습니다.

조금 더 배우기

YouTube Shorts는 스마트폰과 YouTube 앱의 Shorts 카메라만 있으면 누구나 새로운 시청자와 소통할 수 있습니다. 동영상 제작 도구를 사용하면 유튜브에서 제공하는 카메라로 최대 60초 길이의 짧은 동영상을 쉽게 제작할 수 있습니다.

02 쇼츠 영상의 오른쪽에 있는 아이콘 중 [좋아요](👍)를 터치하면 '좋아요'를 표시할 수 있습니다. [댓글](▤)을 터치하면 영상에 달린 댓글을 확인하고 직접 댓글을 입력할 수 있습니다.

STEP 03 갤러리에 있는 영상 올리기

01 갤러리에 있는 기본 가로 영상을 세로 형태의 쇼츠 영상으로 업로드하기 위해 유튜브 메인 화면에서 [만들기](⊕)를 터치합니다. 목록에서 [동영상 업로드]를 터치합니다.

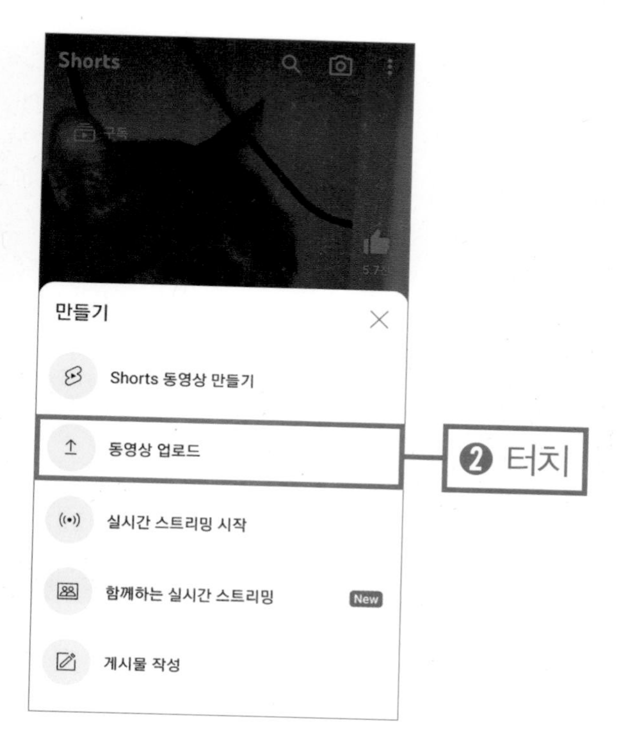

02 갤러리에 있는 동영상 목록 중 하나를 선택한 다음 [Shorts 동영상으로 수정]을 터치합니다.

03

영상의 길이를 조절할 수 있는 화면이 나타나면 [다음]을 터치합니다. 처리 중 메시지가 나타나면서 쇼츠 영상이 만들어집니다.

04

아래 메뉴에서 [사운드]를 터치합니다. 무료 배경 음악 중에서 '추천' 항목에 있는 음악을 하나 선택한 후 옆에 나타나는 파란색 화살표(➡)를 터치해서 적용합니다.

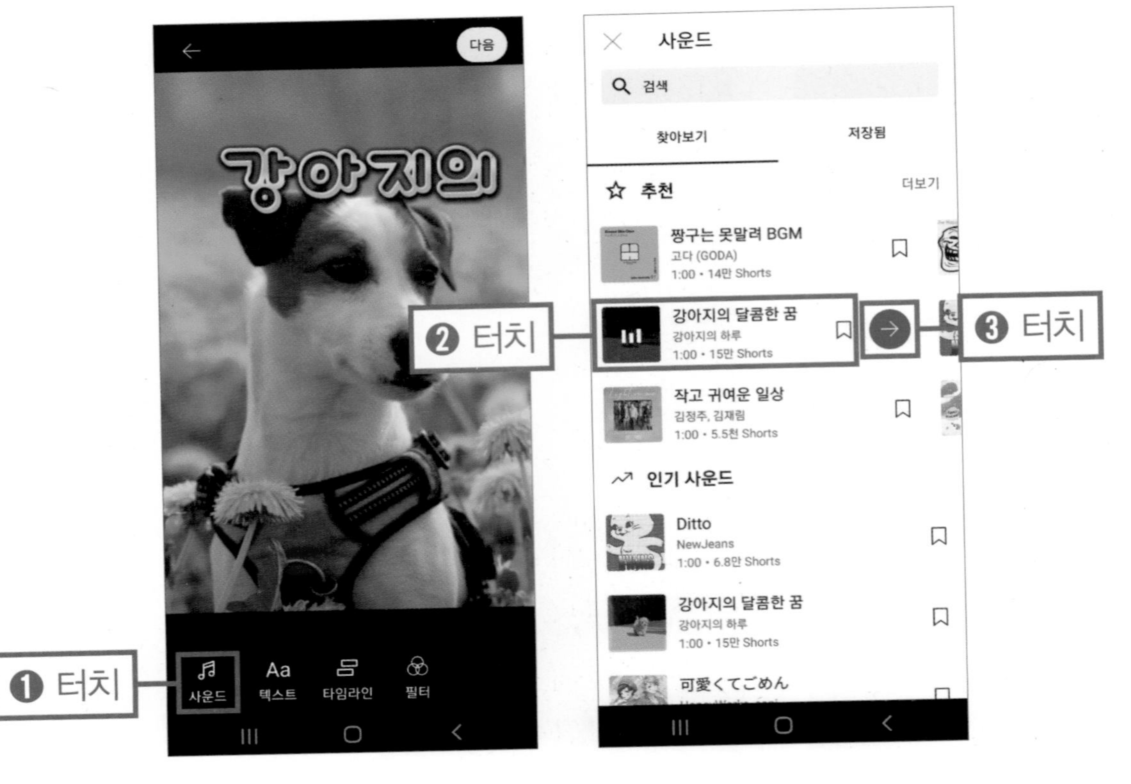

05 오른쪽 위에 있는 [다음]을 터치합니다. '세부정보 추가' 화면이 나타나면 제목을 터치합니다.

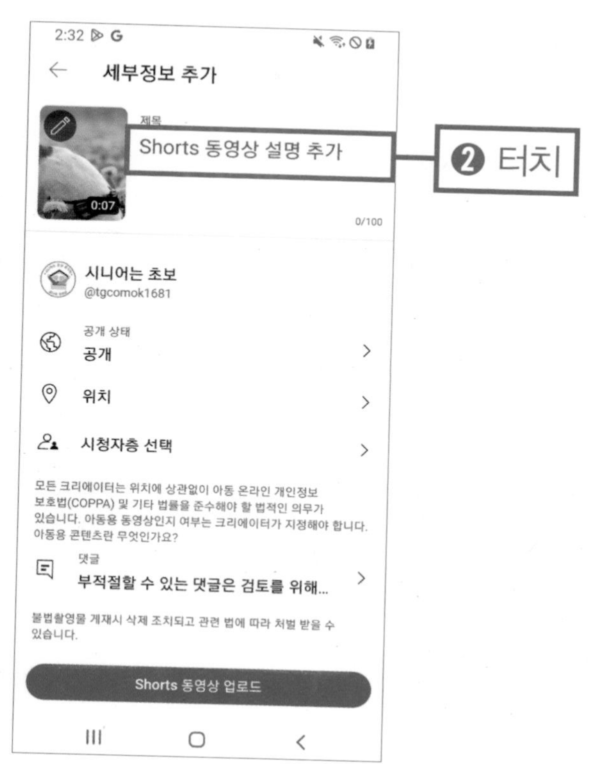

06 '귀여운 고양이와 강아지들의 하루'라고 입력한 다음 [Short 동영상 업로드]를 터치합니다. 쇼츠 동영상이 업로드됩니다. 업로드된 영상을 확인하기 위해 오른쪽 상단의 [동영상 보기]를 터치합니다.

STEP 04 보관함에 있는 영상 보기 및 삭제하기

01 유튜브 앱 화면에서 [보관함]을 터치합니다. 영상 시청 기록과 재생목록 등을 확인할 수 있습니다.

02 [좋아요 표시한 동영상]을 터치하면 그동안 '좋아요'를 눌렀던 영상을 확인할 수 있습니다.

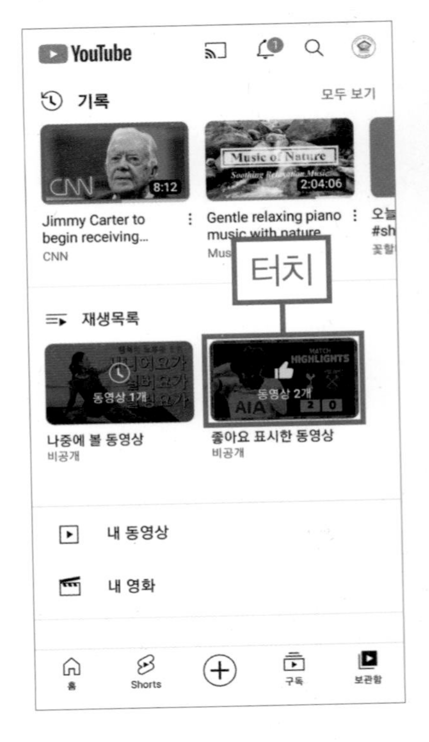

03 [기록]을 터치하면 시청했던 쇼츠와 유튜브 영상 기록을 확인할 수 있습니다. 오른쪽 위에 있는 [더보기](⋮)를 터치합니다.

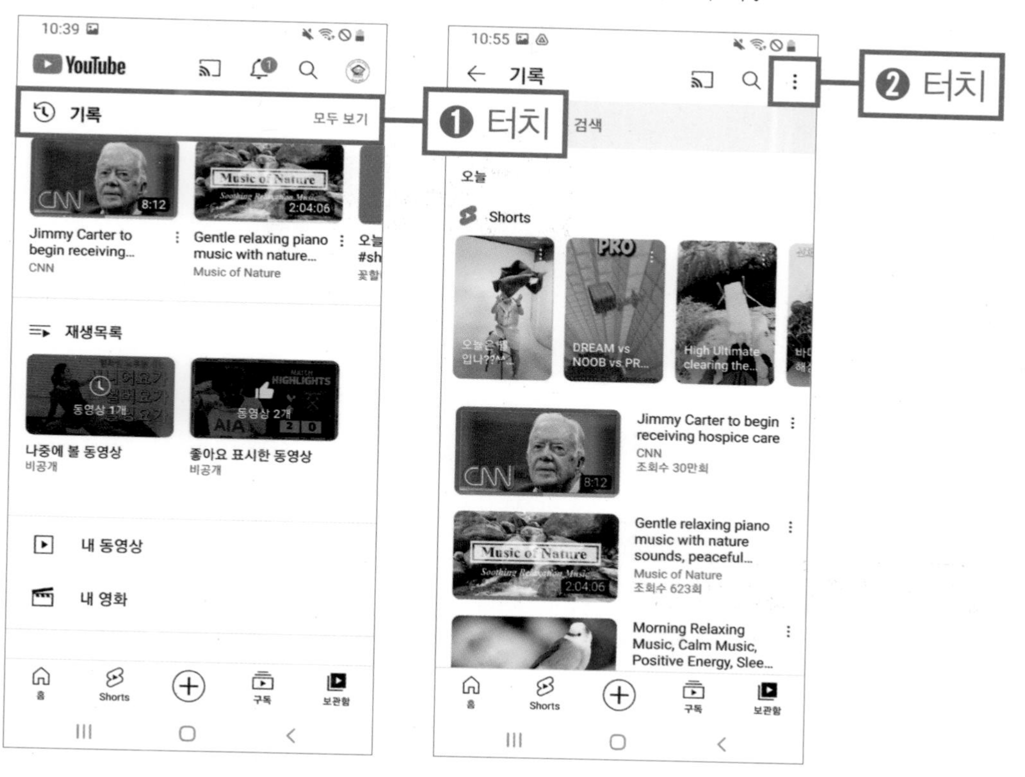

04 목록에서 [시청 기록 지우기]를 터치하면 '시청 기록을 삭제할까요?' 메시지가 나타납니다. [시청 기록 지우기]를 터치해 기록을 모두 삭제합니다.

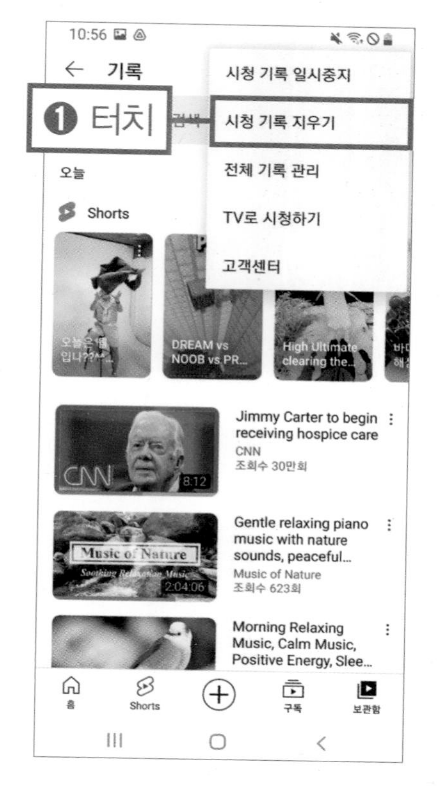

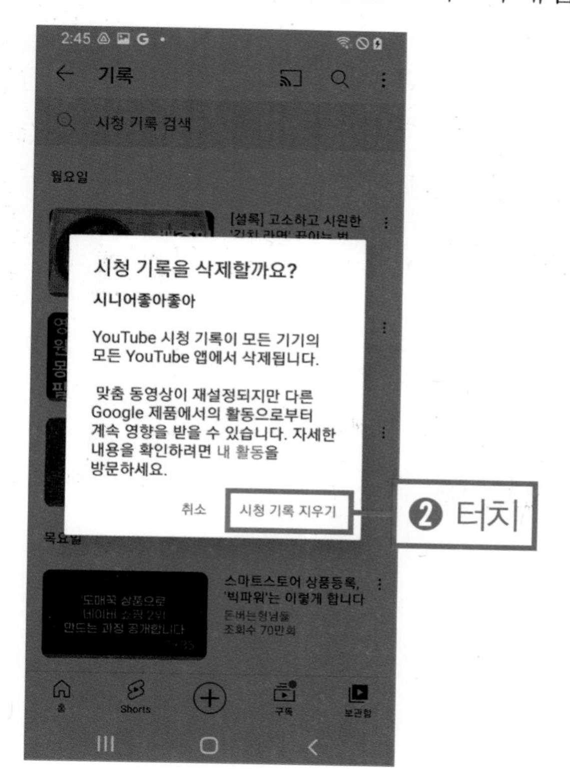

05 아래의 [보관함]을 터치한 후 [내 동영상]을 터치합니다.

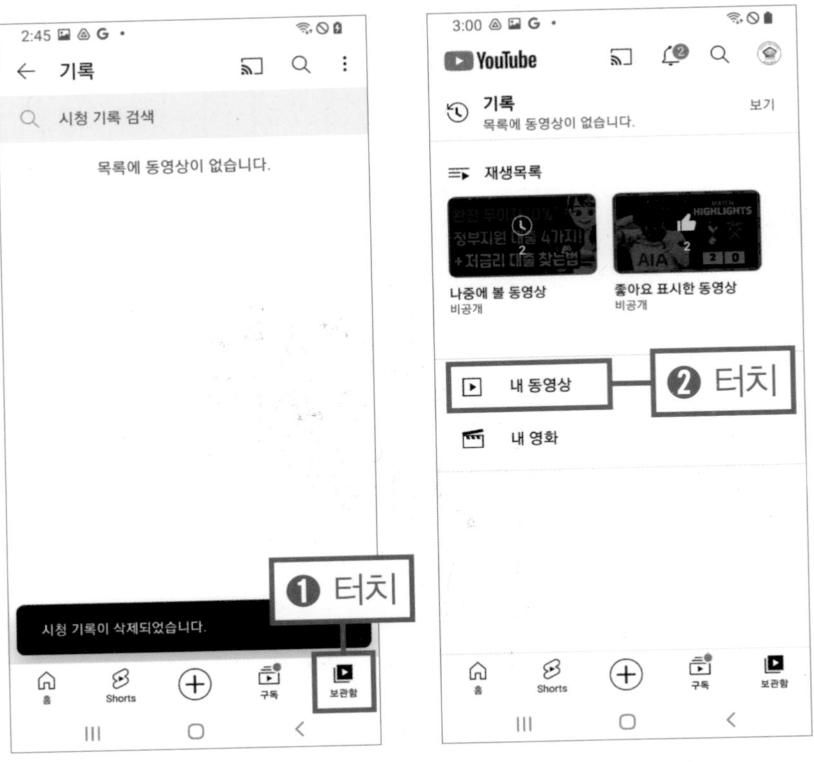

06 업로드한 영상 중 원하는 영상의 [더보기](⋮)를 터치하면 영상을 공유하거나 수정, 삭제할 수 있습니다.

CHAPTER

10 유튜버 공간 만들고 꾸미기

POINT

유튜브에 다양한 동영상을 업로드하고 관리하기 위한 공간인 유튜브 채널을 만들고 프로필 사진과 배너를 등록해서 꾸며 보도록 하겠습니다.

완성 화면 미리 보기

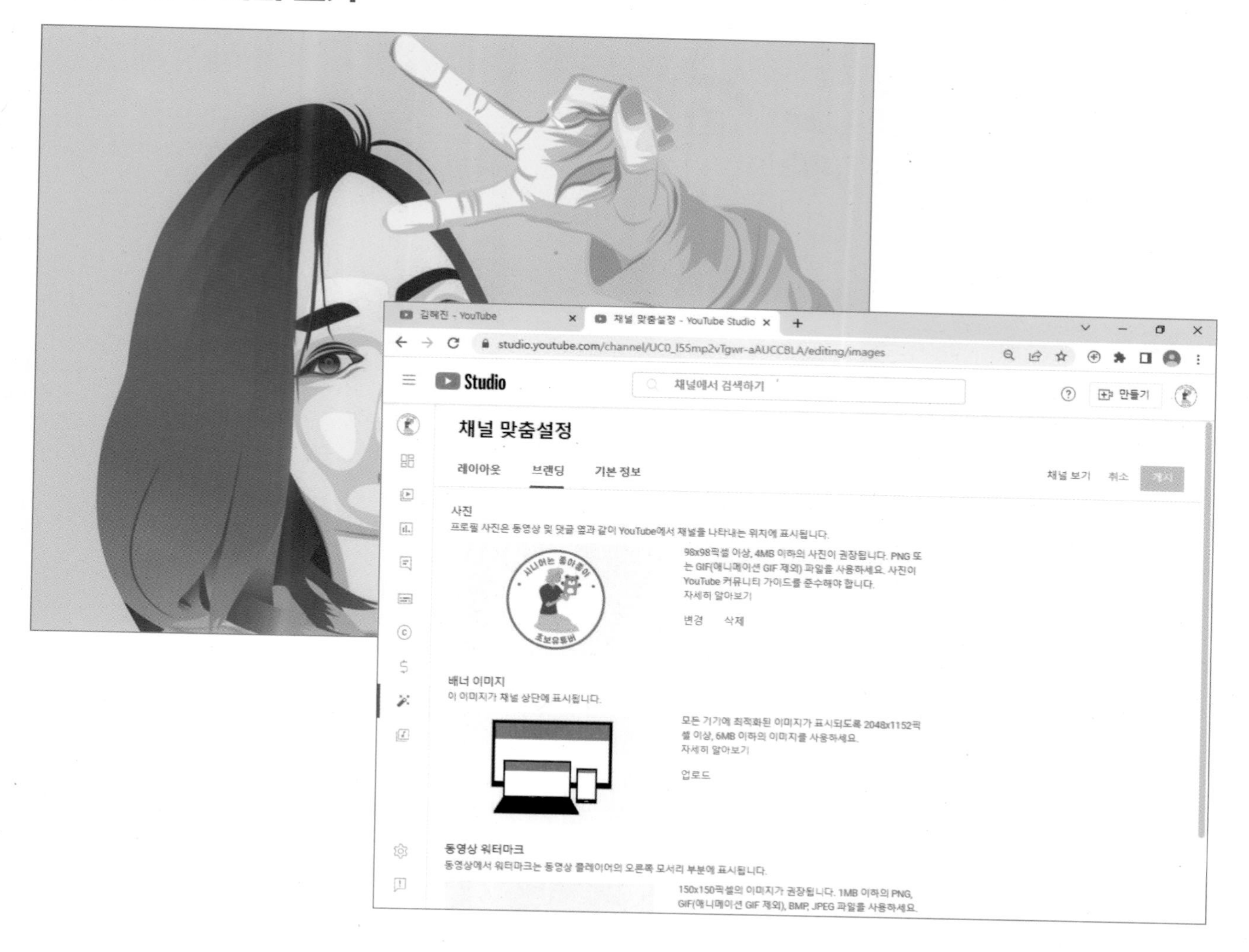

여기서 배워요!

유튜버는 무슨 일을 할까?, 유튜버 공간인 채널 만들기, 유튜버를 표현할 프로필 사진 설정하기, 채널 대문 사진 및 배너 이미지 설정하기, 채널을 개성 있게 소개하기

STEP 01 유튜버는 무슨 일을 할까?

01 유튜버가 하는 일은?

유튜브 크리에이터(YouTube Creator) 또는 유튜버(YouTuber)는 인터넷 동영상 공유 사이트인 유튜브에 동영상을 업로드하며 자신의 채널을 운영하는 사용자들을 지칭하는 말입니다. 이러한 유튜버가 되려면 어떤 일을 먼저 해야 할까요?

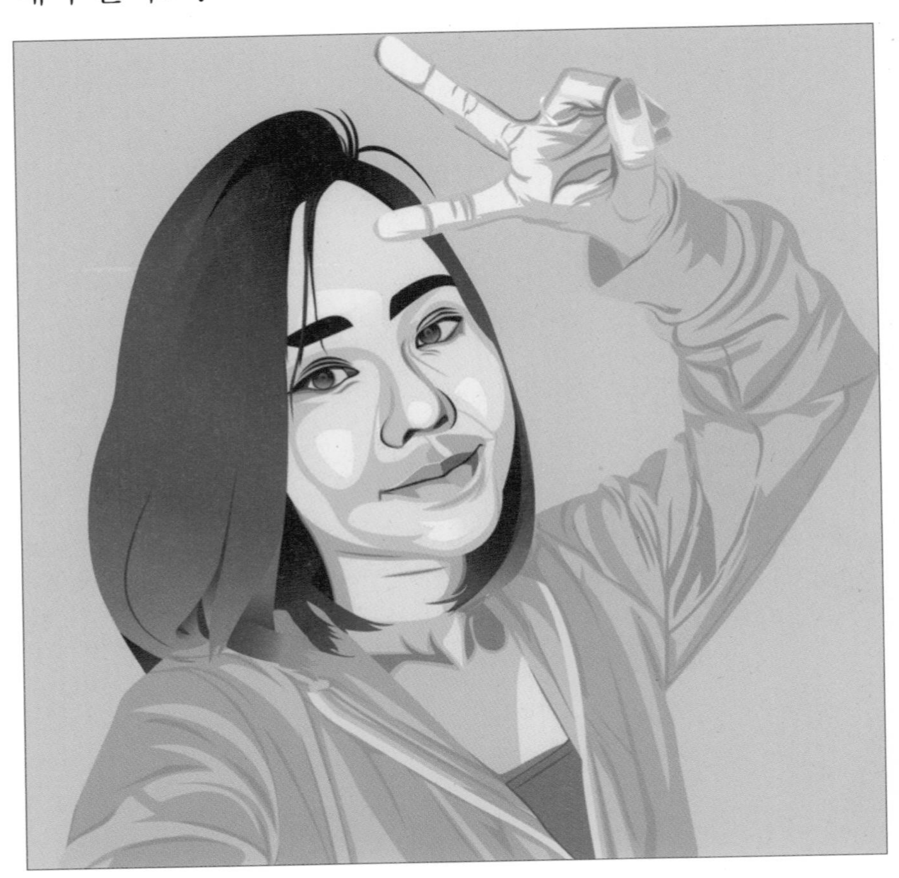

❶ **영상 기획 및 촬영하기** : 촬영할 영상에 대한 주제와 방향을 정하고 자막으로 들어갈 내용을 정리한 후 다양한 카메라를 이용해 여러 방향의 각도로 원하는 장면을 촬영합니다.

❷ **영상 편집** : 촬영한 영상의 필요 없는 부분 등을 자르거나 전환 효과 등을 적용하고 장면에 맞춰 들어가야 하는 자막을 입력하는 등 전체적으로 영상을 편집합니다.

❸ **영상 업로드 및 댓글 관리** : 저장한 영상을 유튜브 채널에 올리고 영상에 달린 댓글 등에 대해서 답글을 쓰는 작업을 합니다.

❹ **영상 조회 수 분석 등 관리** : 채널에 올린 영상의 조회수나 시청 시간 등을 확인합니다.

02 유튜버 수익 창출 구조

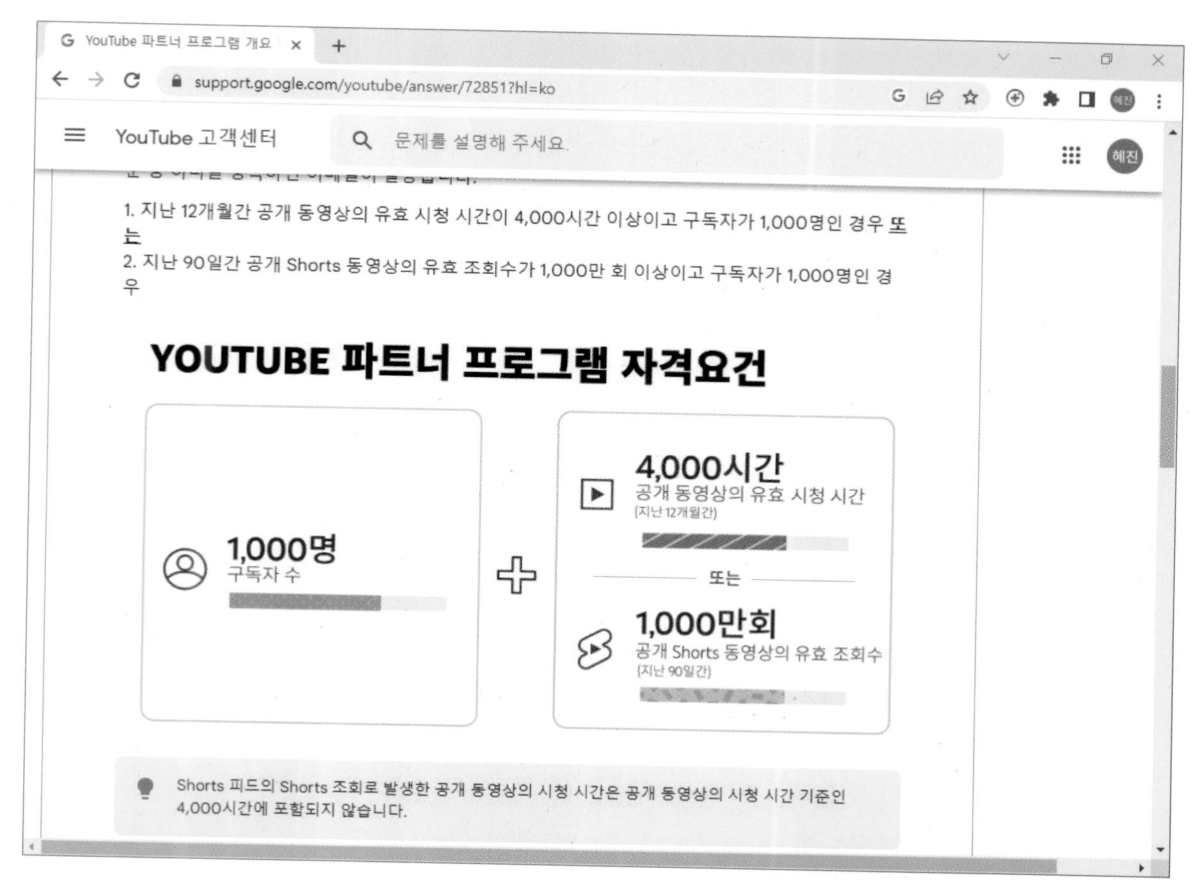

- 지난 12개월간 공개 동영상의 유효 시청 시간이 4,000시간 이상이고 구독자가 1,000명인 경우 또는 지난 90일간 공개 Shorts 동영상의 유효 조회수가 1,000만 회 이상이고 구독자가 1,000명인 경우 수익 창출 조건에 부합합니다.
- 수익 승인이 되면 광고가 자동으로 달리고, 선정된 유튜버는 이때부터 자신의 영상에 붙는 광고로 수익을 창출할 수 있습니다.

STEP 02 유튜버 공간인 채널 만들기

01 유튜브 사이트에 접속합니다. [로그인]을 클릭한 후 자신의 '이메일 주소'를 입력하고 [다음]을 클릭합니다. '비밀번호'를 입력하고 [다음]을 클릭합니다.

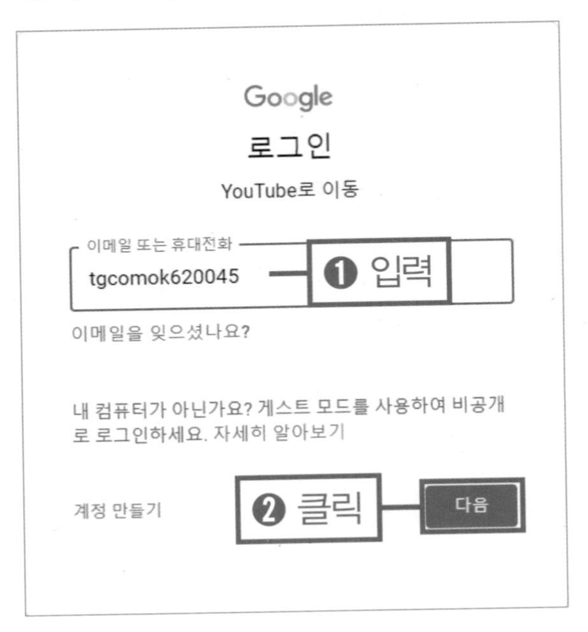

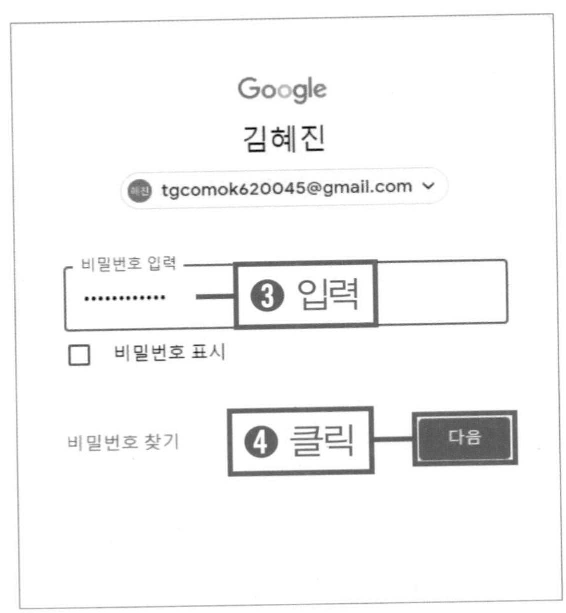

02 오른쪽 위의 [프로필](혜진)을 클릭한 다음 [채널 만들기]를 클릭합니다.

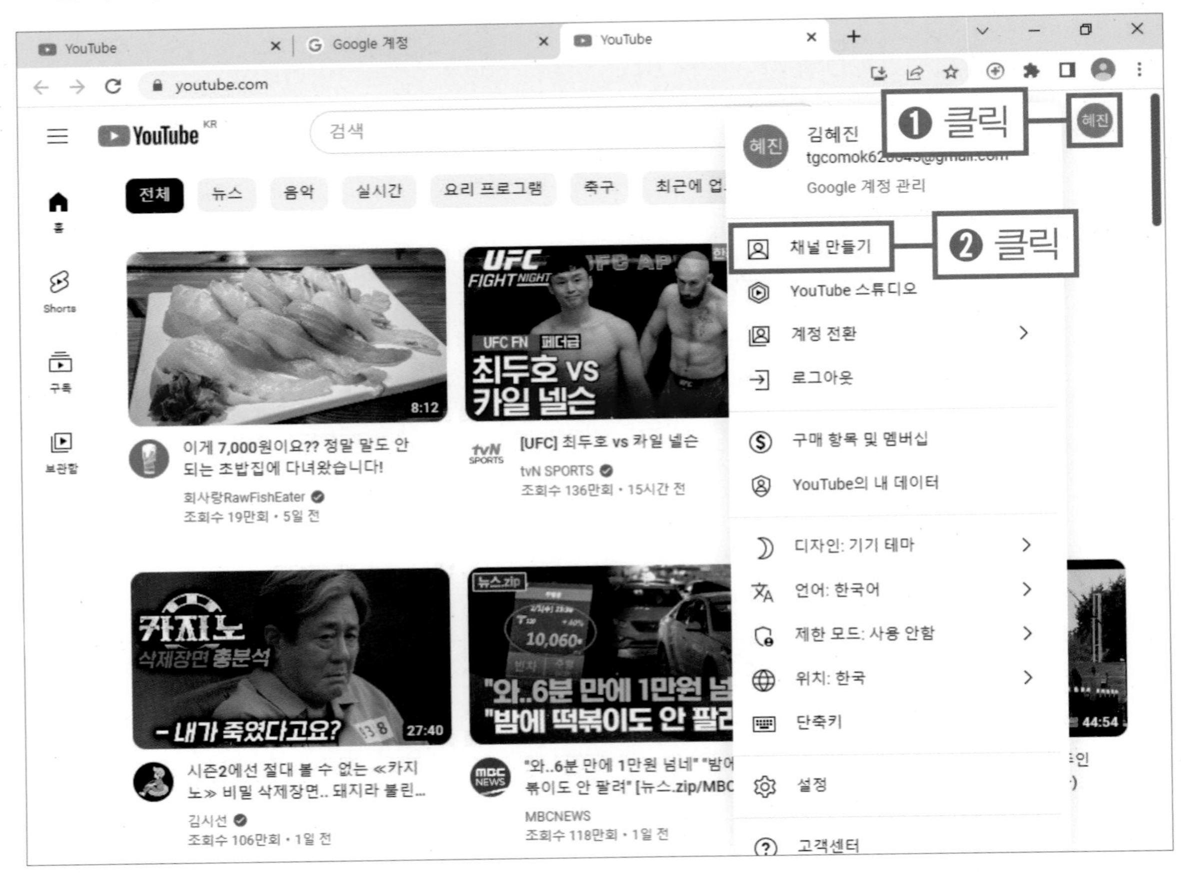

03 '내 프로필' 화면에서 오른쪽 아래의 [채널 만들기]를 클릭합니다.

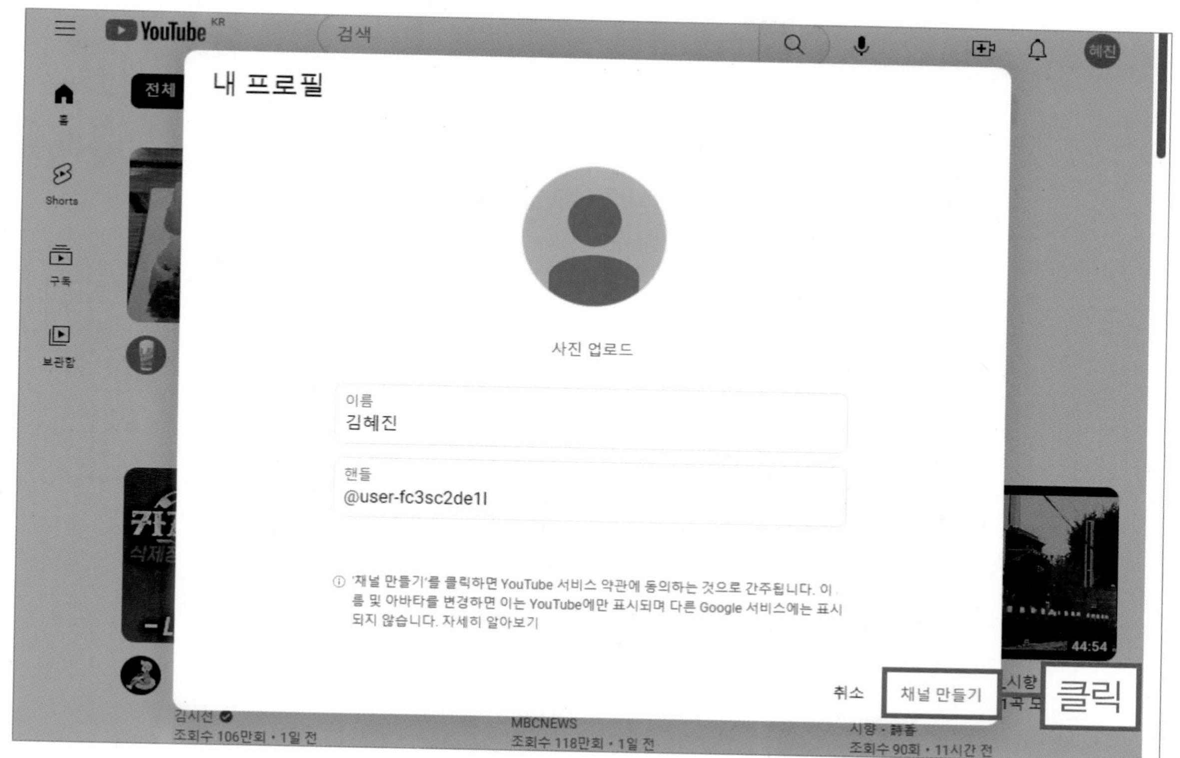

STEP 03 유튜버를 표현할 프로필 사진 설정하기

01 프로필 사진을 등록하기 위해 [프로필]( )–[내 채널]을 차례대로 클릭합니다.

02 채널 화면 위쪽의 [채널 맞춤설정]을 클릭합니다.

03 '채널 맞춤설정' 화면에서 [브랜딩] 탭을 클릭한 후 '사진' 메뉴에 있는 [업로드]를 클릭합니다.

04 자신의 컴퓨터에 저장되어 있는 이미지 중 하나를 선택하고 [열기]를 클릭합니다.

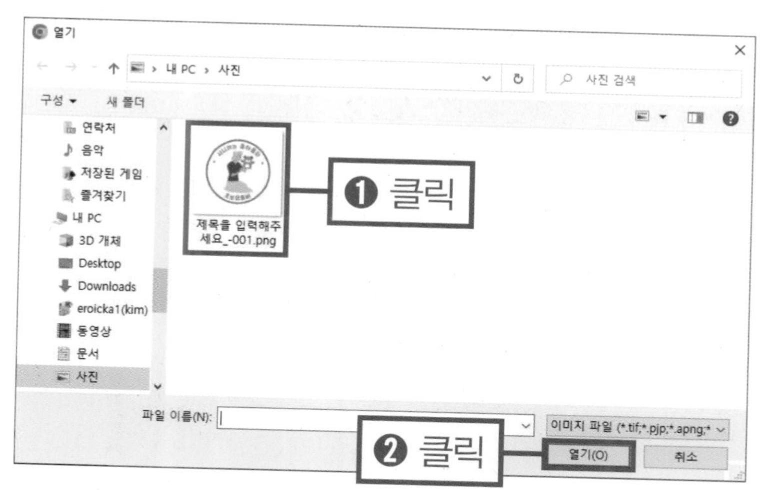

05 이미지 영역 모서리 부분의 점을 드래그해 사이즈를 조절하고 [완료]를 클릭합니다.

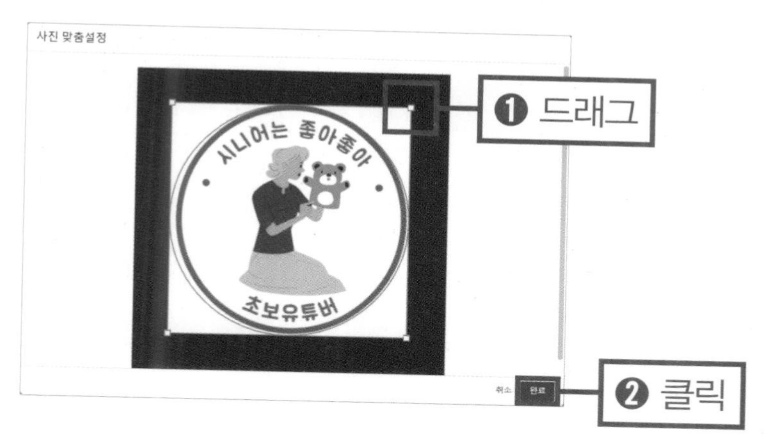

06 채널에 올리기 위해서 오른쪽 위의 [게시]를 클릭합니다. 이후 [채널 보기]를 클릭합니다.

STEP 04 채널 대문 사진 및 배너 이미지 설정하기

01 [채널 맞춤설정]을 클릭합니다.

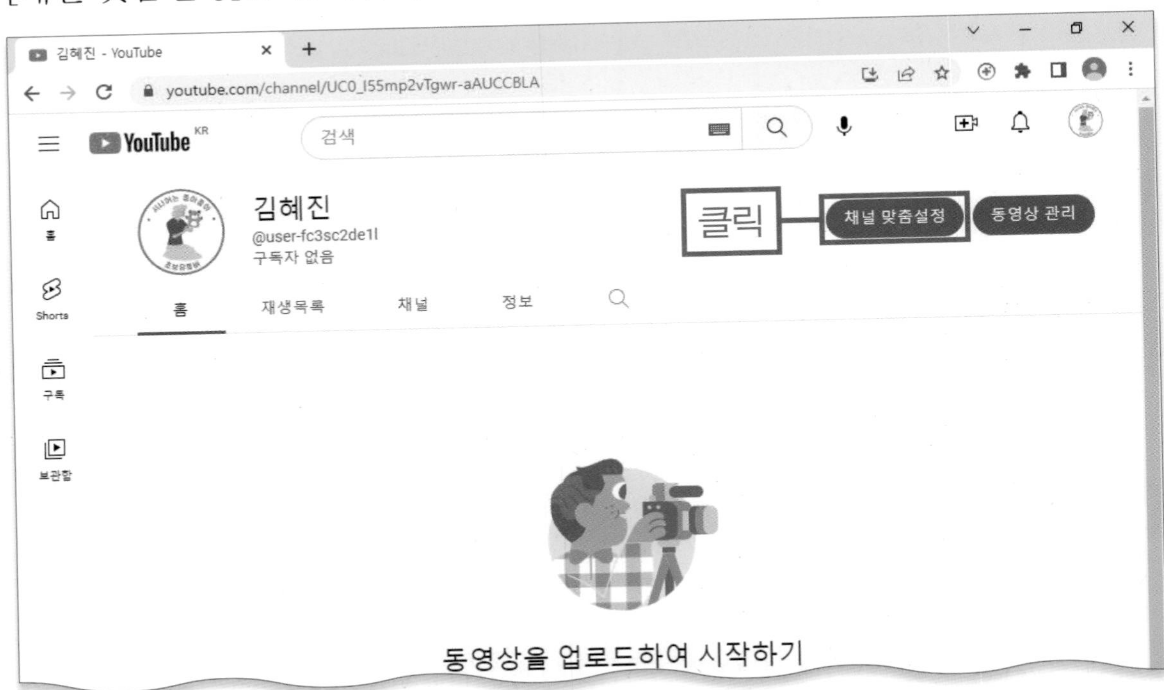

02 [브랜딩]을 클릭한 후 '배너 이미지' 메뉴에 있는 [업로드]를 클릭합니다.

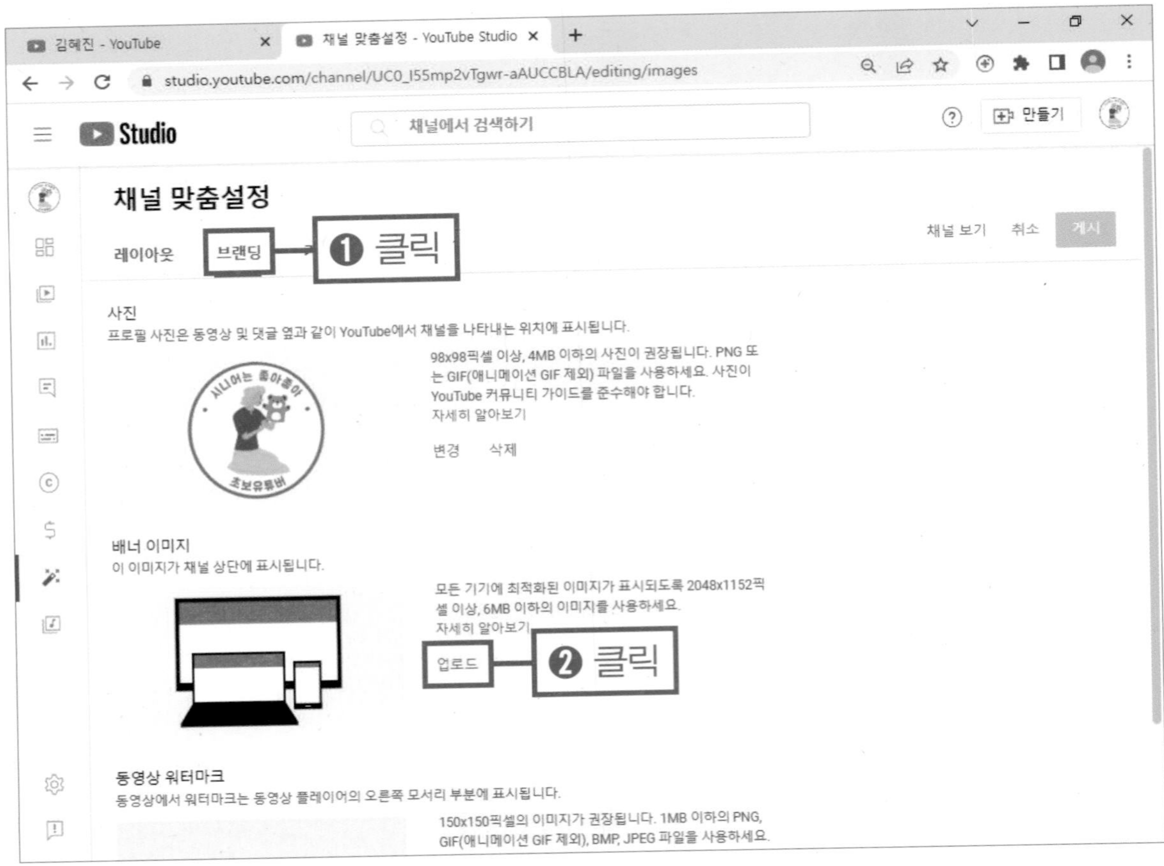

03 자신의 컴퓨터에 저장되어 있는 배너 이미지를 선택한 후 [열기]를 클릭합니다.

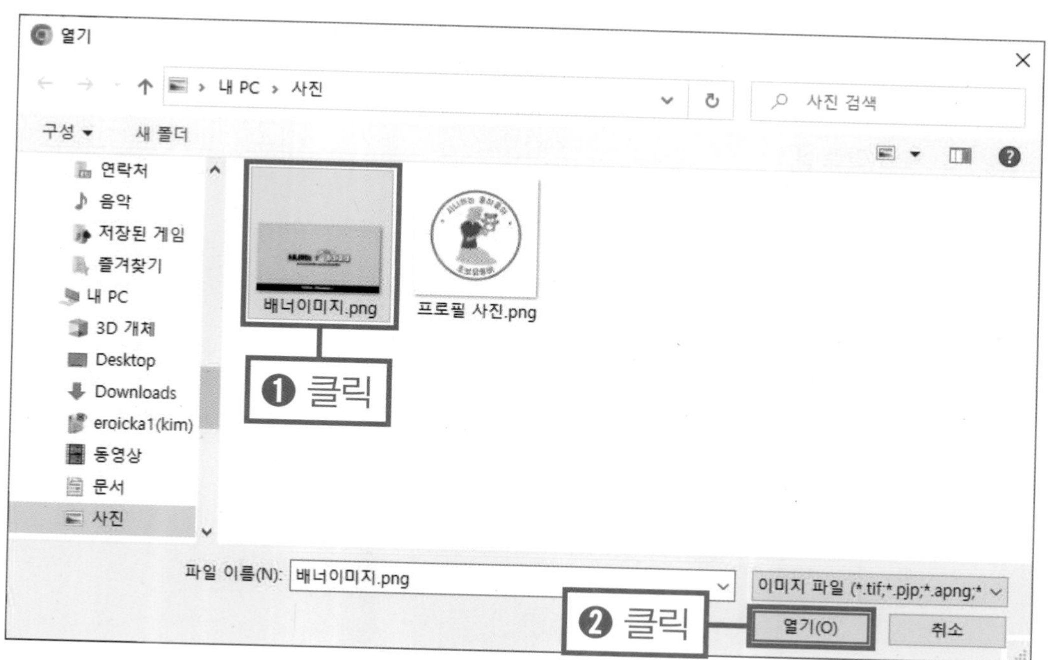

04 '배너 아트 맞춤설정' 화면에서 설정된 내용을 확인하고 [완료]를 클릭합니다.

조금 더 배우기

배너는 2048x1152픽셀 이상, 6MB 이하의 이미지를 사용해야 합니다.

05 오른쪽 위의 [게시]를 클릭하면 배너가 업로드됩니다.

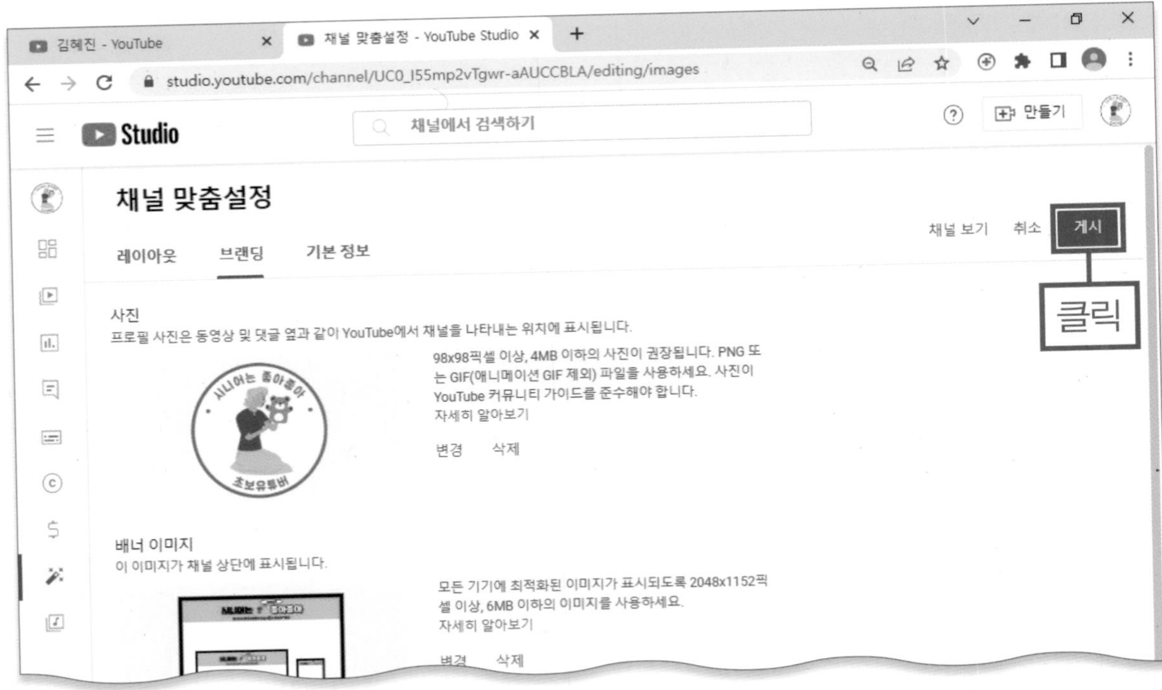

STEP 05 채널을 개성 있게 소개하기

01 [기본정보] 탭을 클릭한 후 [수정](✎) 단추를 클릭하여 채널 이름을 수정합니다.

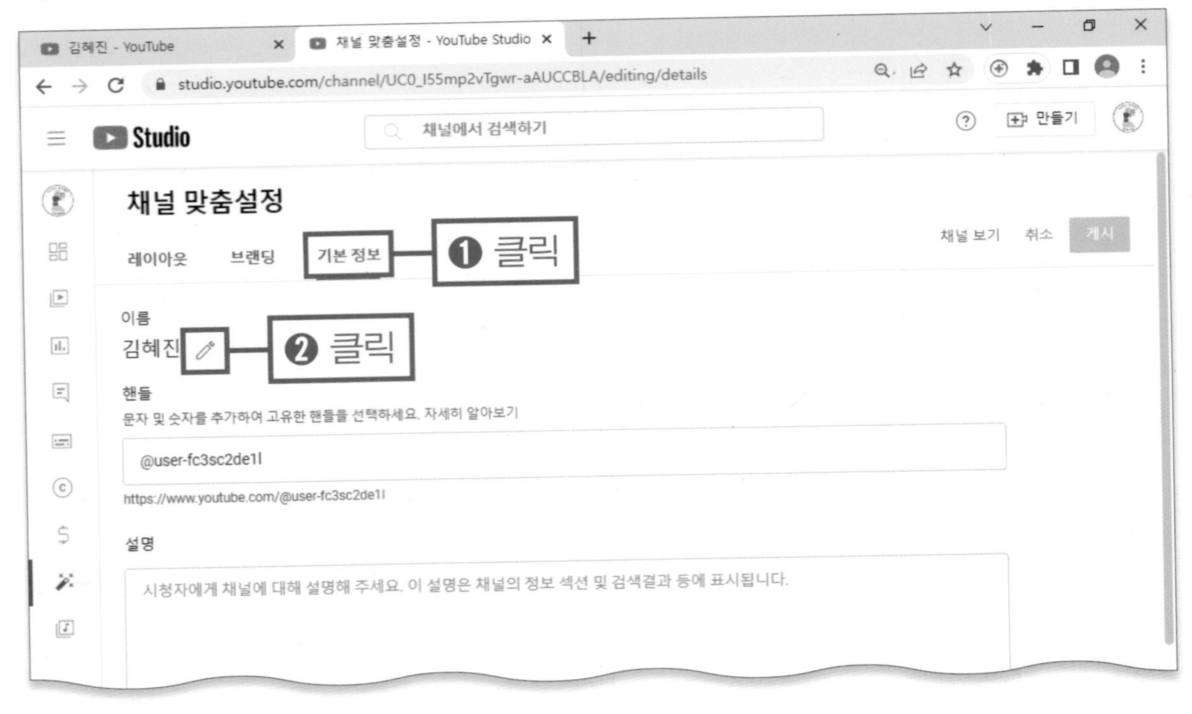

02

'핸들'에 자신의 고유 채널 아이디를 만들어 작성합니다. 블로그 주소처럼 URL 주소로 사용할 수 있습니다. '설명'에는 자신의 채널 성격이나 인사말을 입력합니다. 작성이 완료되면 [게시]를 클릭합니다. [채널 보기]를 클릭합니다.

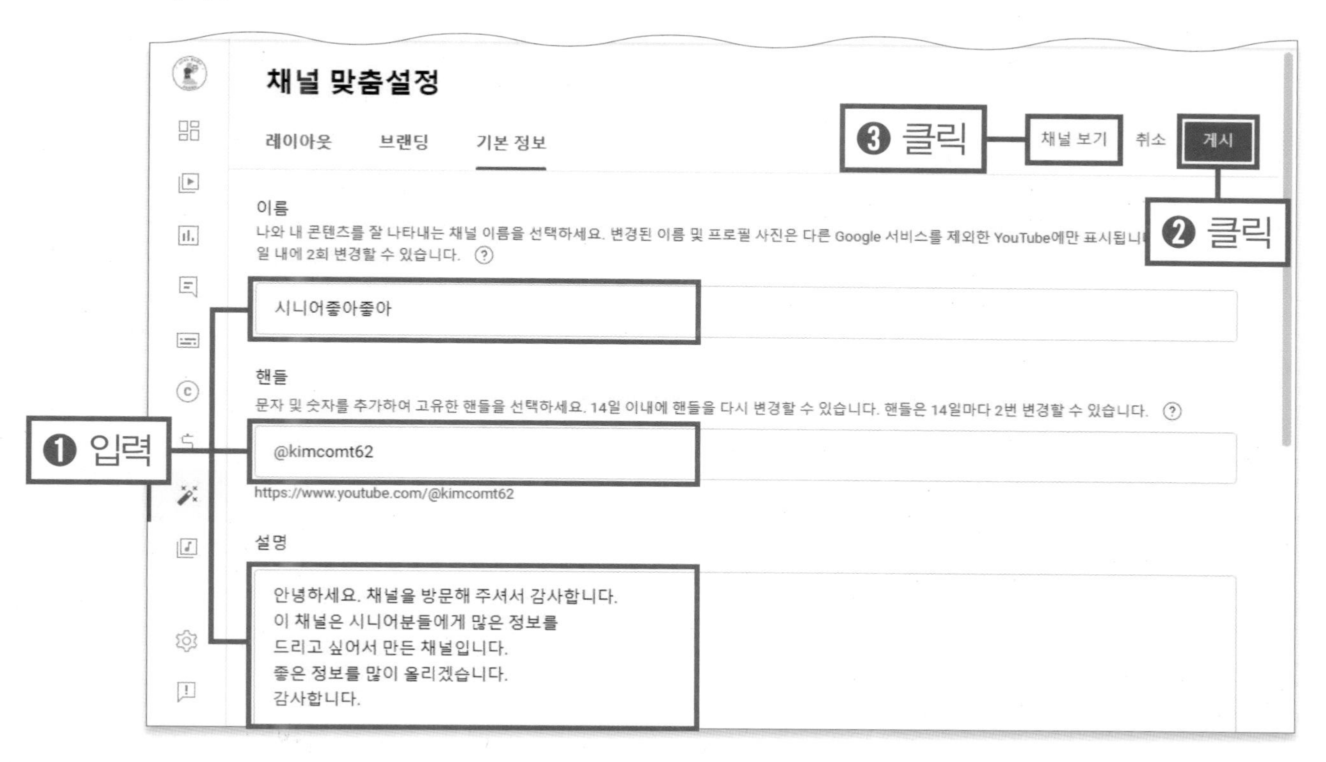

03

완성된 채널 화면에서 소개 내용의 [>]를 클릭합니다. 업로드한 정보의 내용을 확인할 수 있습니다.

CHAPTER 11

동영상은 어떤 장비로 어떻게 촬영할까?

POINT

스마트폰의 기본 카메라를 사용해 촬영하는 방법을 배워 봅니다. 좀 더 영화 같은 영상 효과를 줄 수 있는 Cinema Fv-5 Lite 앱의 사용 방법을 알아보도록 하겠습니다.

완성 화면 미리 보기

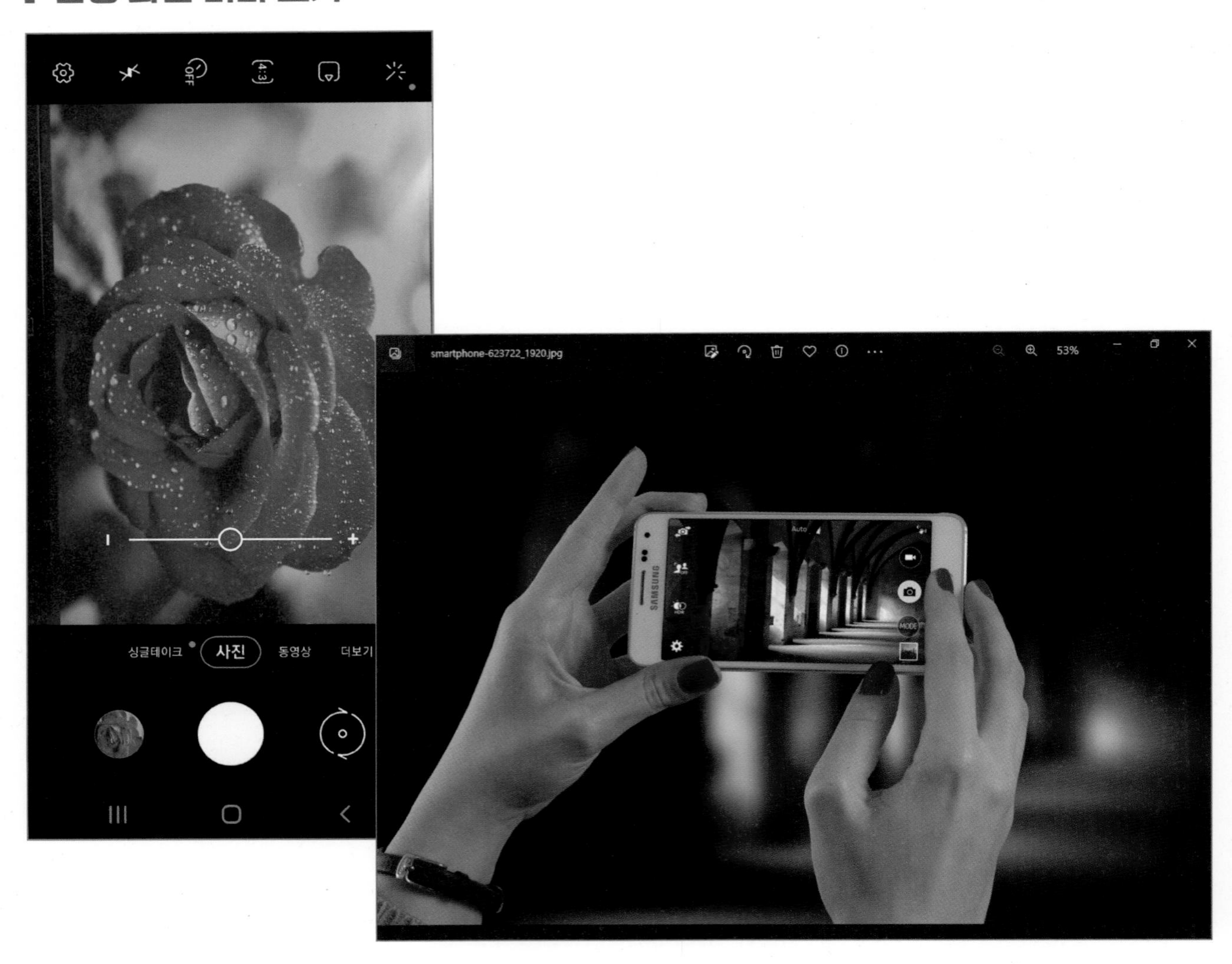

여기서 배워요!

스마트폰 기본 카메라 사용하기, Cinema Fv-5 Lite 앱 사용하기

STEP 01 스마트폰 기본 카메라 사용하기

01 스마트폰의 전면부, 후면부에 있는 카메라로 사진이나 영상을 촬영합니다. 자신의 스마트폰 [카메라] 앱을 실행한 후 [설정](⚙)을 터치합니다. '카메라 설정' 목록에서 [수직/수평 안내선]( )을 터치하여 활성화합니다.

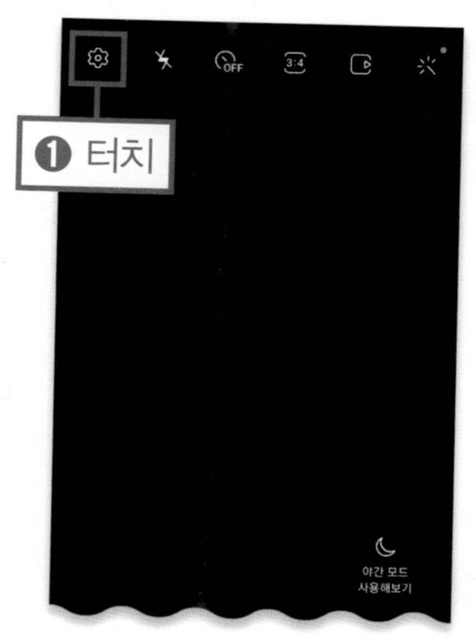

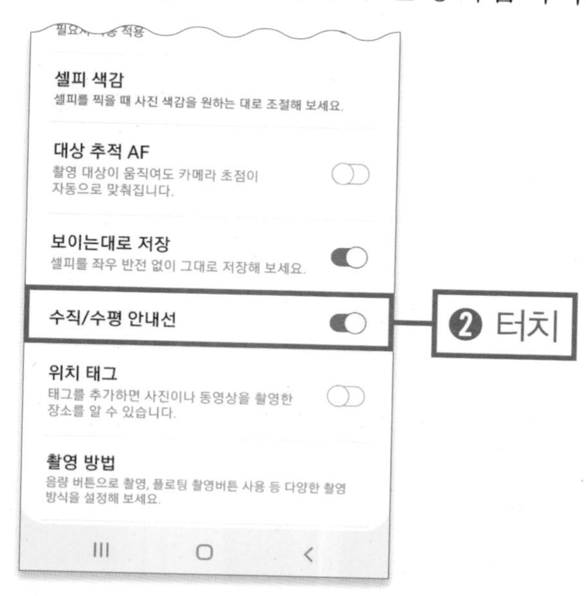

조금 더 배우기

갤럭시 S22 기준입니다. 자신의 스마트폰 설정에 맞게 선택하도록 하세요.

02 화면에 3분할 선이 나타나면 수평을 맞추면서 사진이나 영상을 촬영합니다. 촬영하면서 화면을 터치하면 화질과 밝기를 조절할 수 있습니다.

STEP 02 Cinema Fv-5 Lite 앱 사용하기

01 스마트폰만 가지고 영화 같은 영상을 촬영하고 싶을 때는 관련 앱을 다운로드받아 사용합니다. 먼저 [Play 스토어] 앱을 실행한 후 검색란에 '시네마 fv'를 입력합니다. [Cinema Fv-5 Lite] 앱이 나타나면 [설치]를 터치합니다. 항목 사용에 [동의]한 후 [실행]합니다.

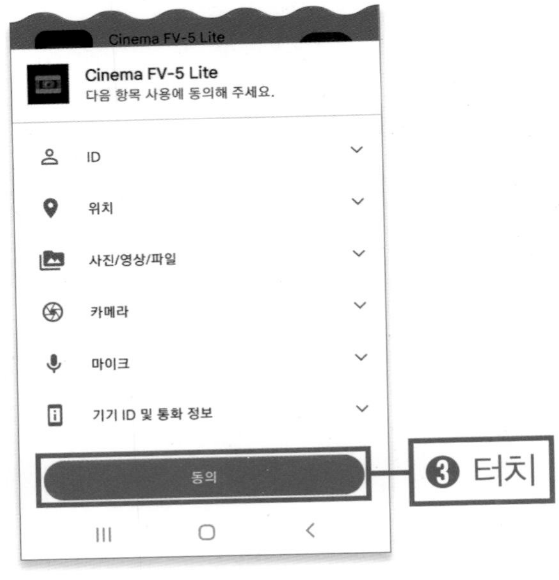

02 'Cinema FV-5 사용을 환영합니다!' 화면에서 [다음]을 터치하여 사용법을 끝까지 확인합니다. 화면에서 [촬영]( )을 누르면 바로 촬영이 가능합니다.

조금 더 배우기

[밝기 조절]()을 드래그하면 화면의 밝기를 조절하며 촬영할 수 있습니다.

CHAPTER 12

컴퓨터에서 동영상 멋지게 편집하기-1

POINT

컴퓨터를 이용한 영상 편집 프로그램 중 워터마크 없이 무료로 사용 가능한 뱁믹스2를 다운로드해 설치하고 회원가입하는 방법을 알아보도록 하겠습니다.

완성 화면 미리 보기

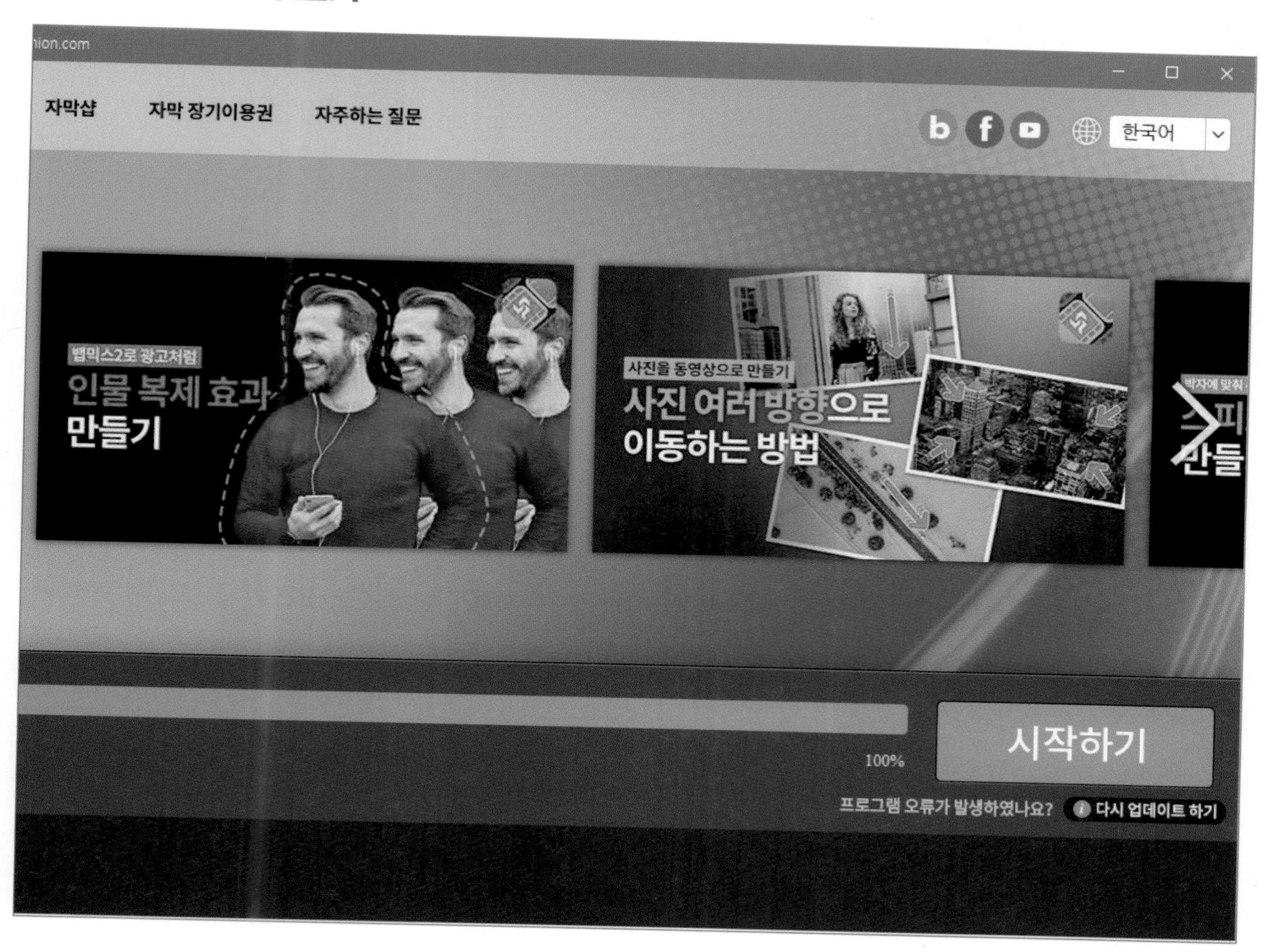

여기서 배워요!

무료 편집 프로그램 뱁믹스2 설치하기, 뱁믹스2 회원 가입하기

STEP 01 무료 편집 프로그램 뱁믹스2 설치하기

01 네이버 검색란에 '뱁믹스2'를 입력하여 검색합니다. 목록에서 [동영상 편집 프로그램 뱁믹스2 무료 다운로드]를 클릭합니다.

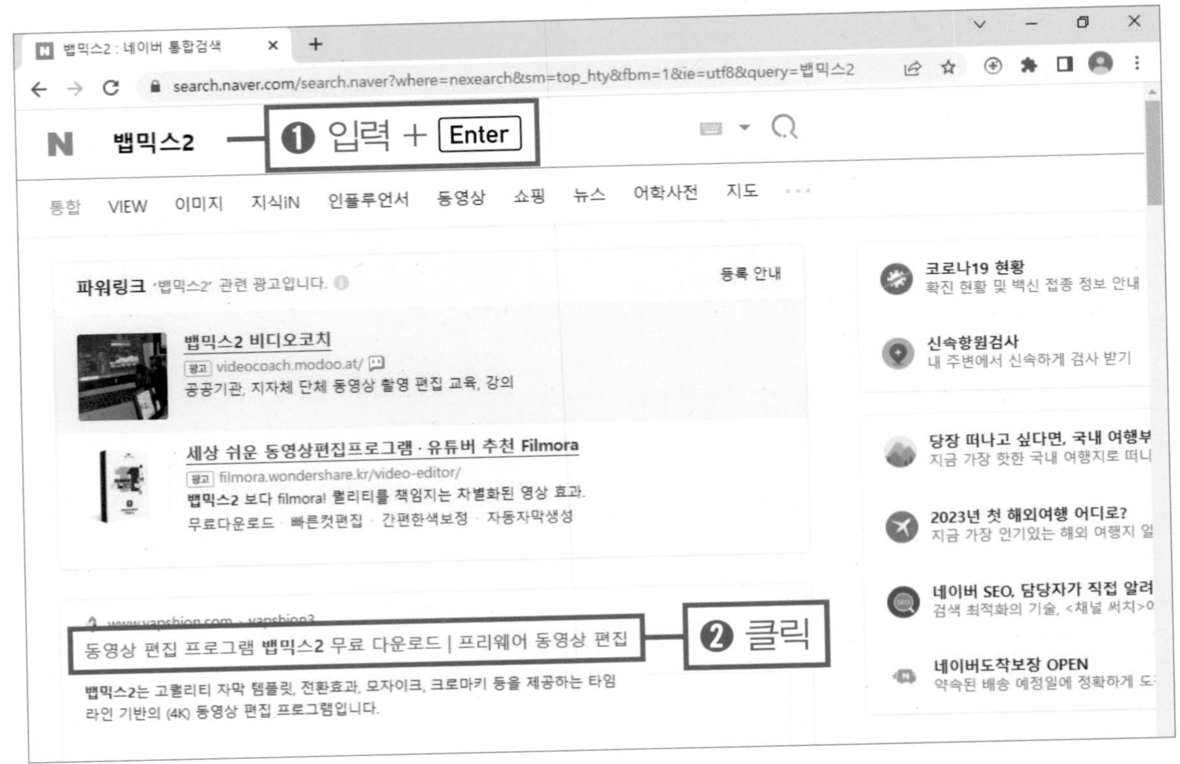

02 뱁션 홈페이지에서 '뱁믹스2'의 [무료 다운받기]를 클릭합니다.

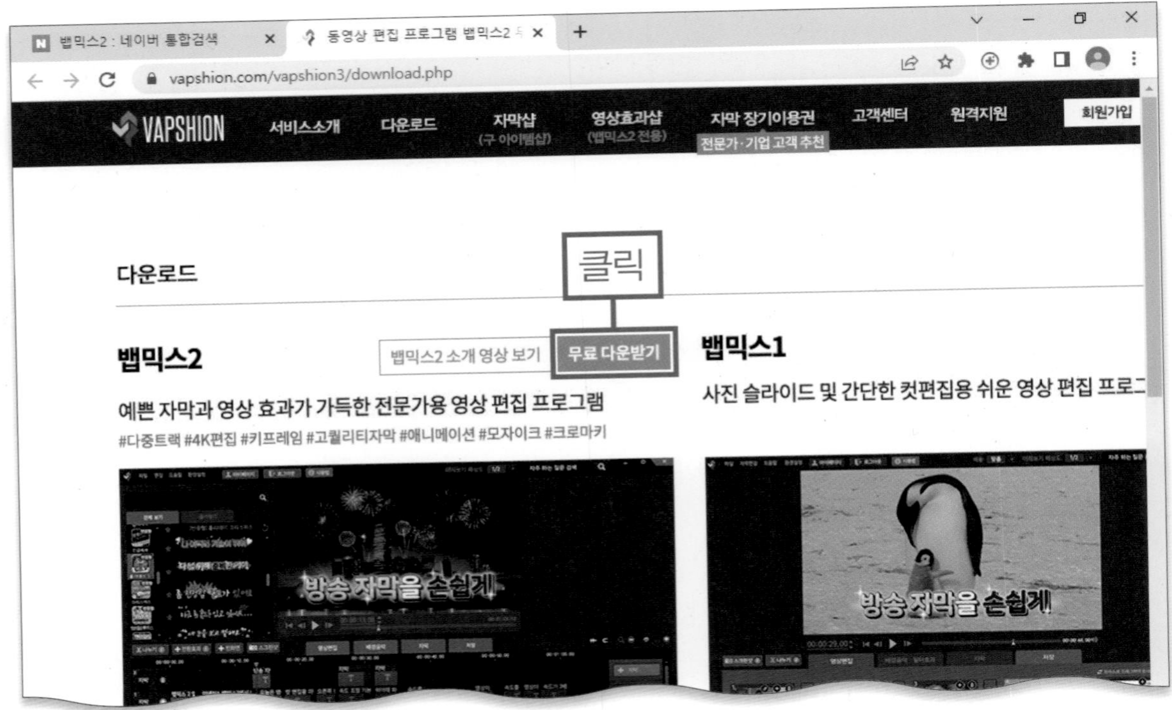

03 'Downloads' 폴더에서 뱁믹스2 설치 파일인 [VapMix2Setup.exe]을 더블 클릭해서 설치를 시작합니다.

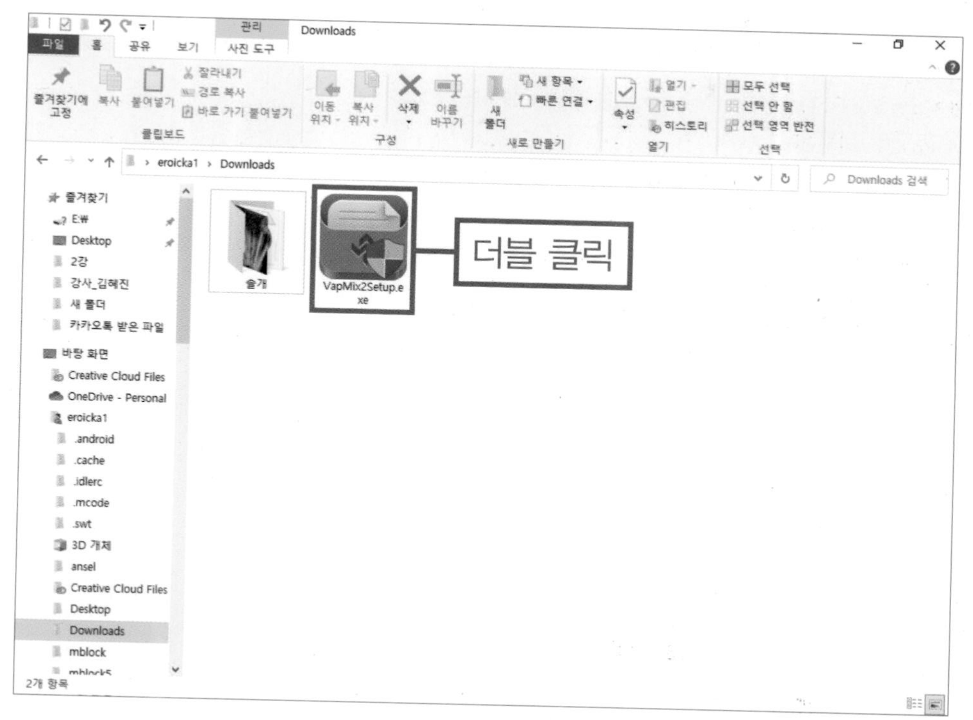

04 설치 언어가 '한국어'로 설정된 상태에서 [OK]를 클릭합니다.

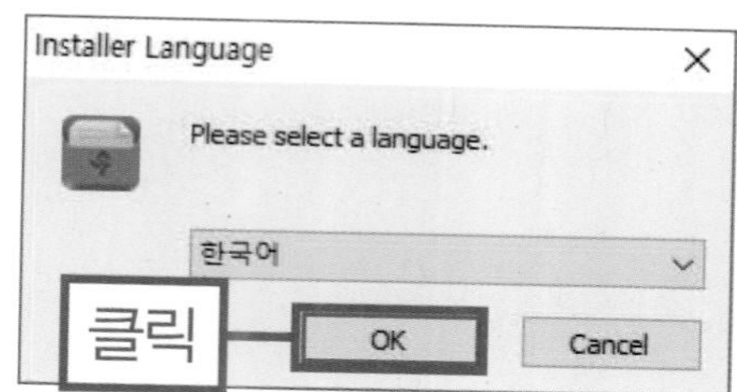

05 '뱁믹스2 설치를 시작합니다.' 설치 화면에서 [다음]을 클릭합니다.

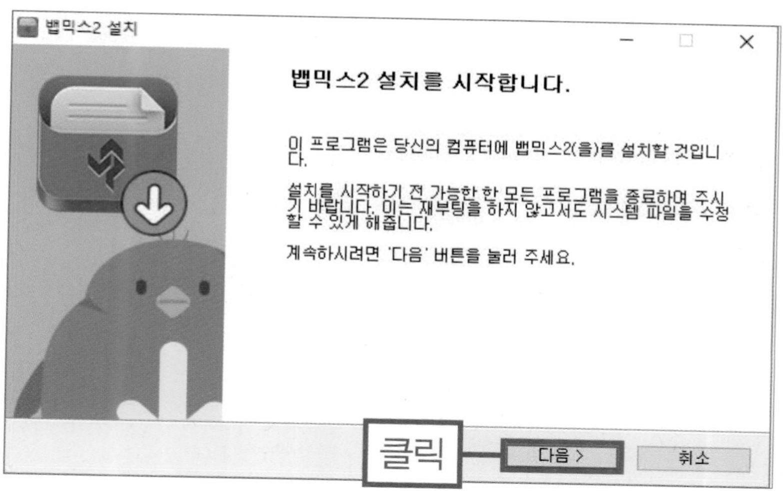

06 '사용권 계약' 화면에서 [동의함]을 클릭합니다.

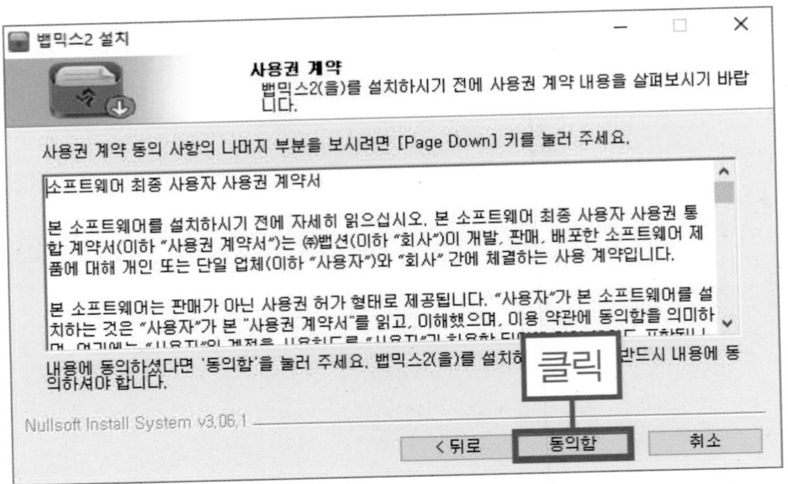

07 '설치 위치 선택' 화면에서 [설치]를 클릭합니다.

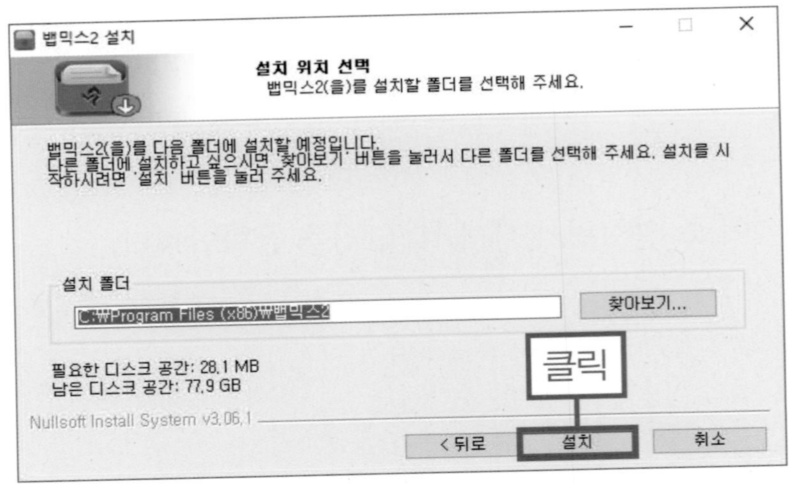

08 '뱁믹스2 설치 완료' 화면에서 [마침]을 클릭합니다.

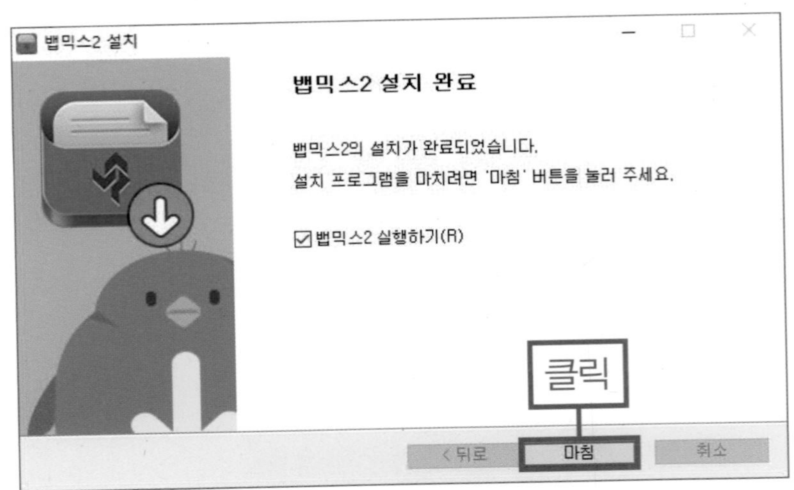

STEP 02 뱁믹스2 회원 가입하기

01 뱁믹스 시작 화면에서 [시작하기]를 클릭합니다.

02 [5초 회원 가입] 버튼을 클릭합니다.

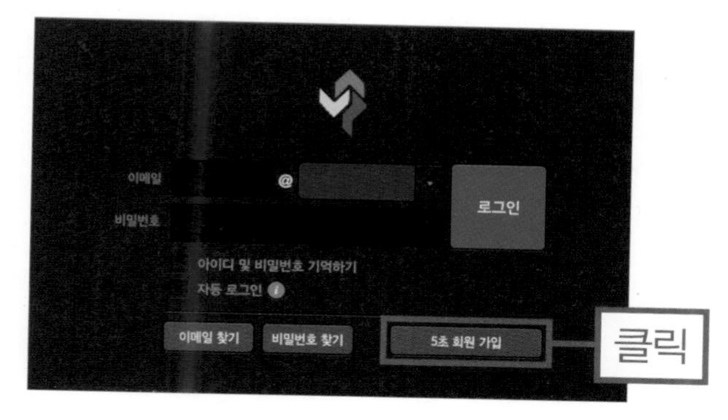

03 '이용 약관'과 '개인 정보 수집 및 이용 동의'를 클릭해 체크한 후 [다음]을 클릭합니다.

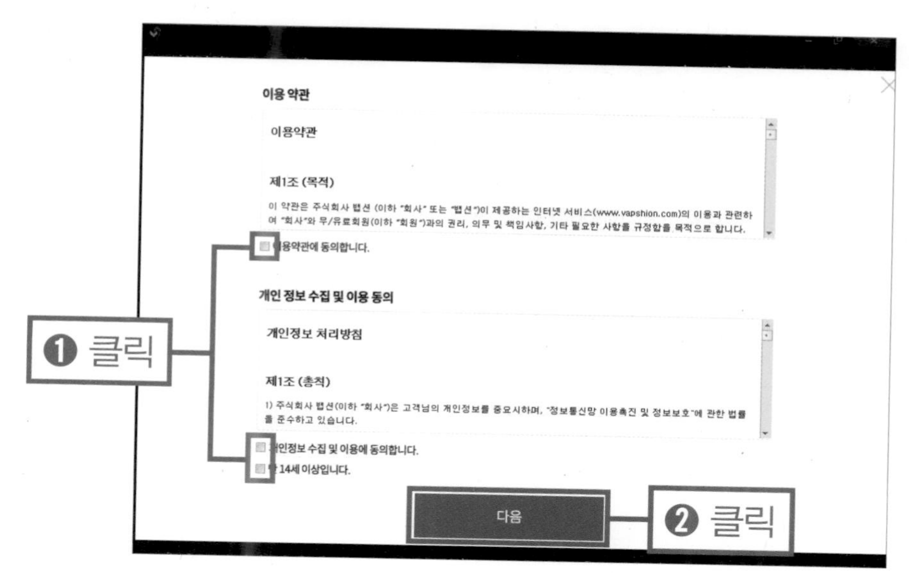

04 사용할 '이메일 주소'와 '비밀번호'를 입력하고 [가입]을 클릭합니다.

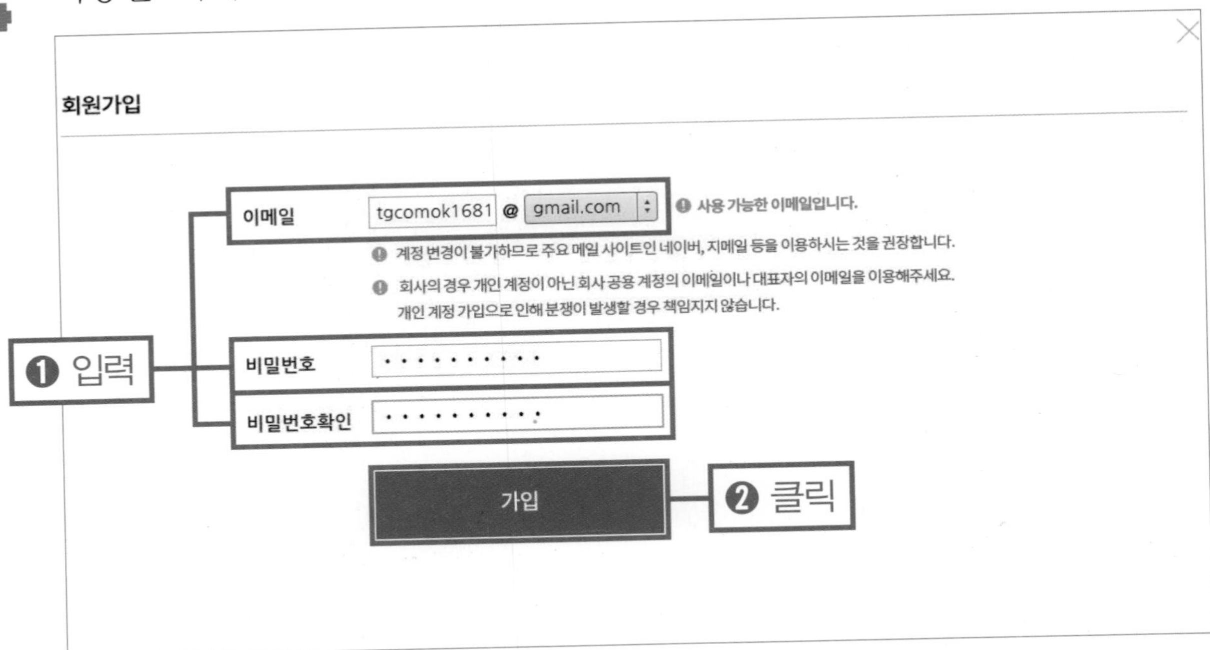

05 '회원가입이 완료되었습니다' 메시지가 나타나면 [확인]을 클릭합니다.

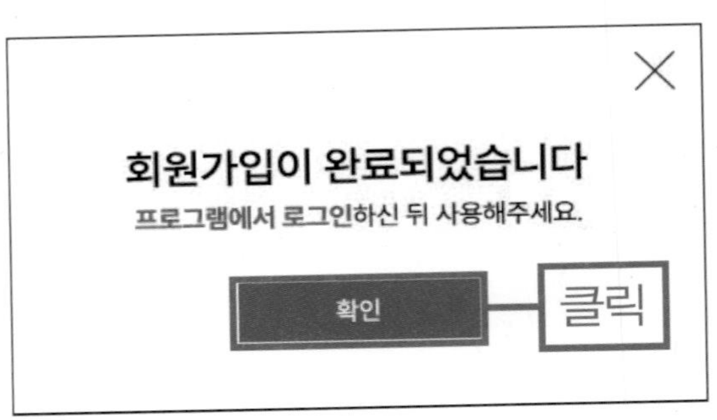

06 가입한 '이메일 주소'와 '비밀번호'를 입력하고 [로그인]을 클릭합니다.

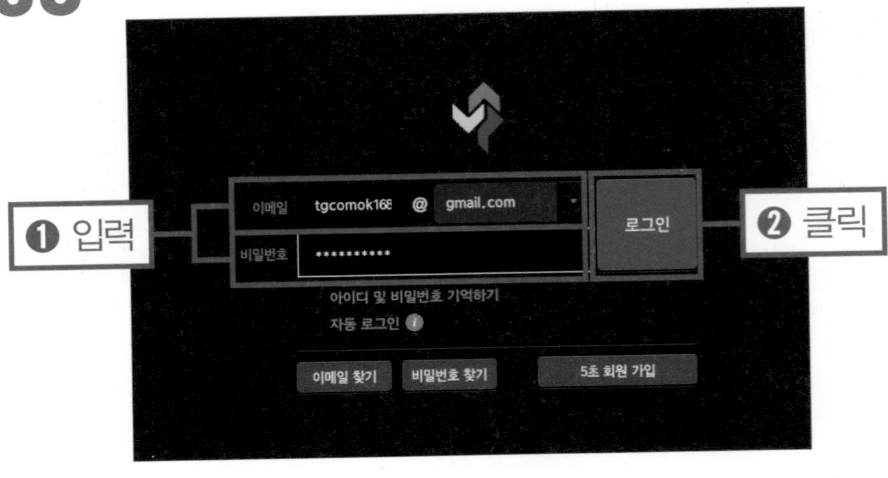

CHAPTER 13

컴퓨터에서 동영상 멋지게 편집하기-2

POINT

밥믹스2를 사용해 영상을 불러와 음악을 입히고 자막을 추가해 멋진 동영상을 만드는 방법을 알아봅니다.

완성 화면 미리 보기

여기서 배워요!

밥믹스2에서 동영상 편집하기

STEP 01 뱁믹스2에서 동영상 편집하기

01 뱁믹스2를 실행한 다음 [시작하기]를 클릭합니다.

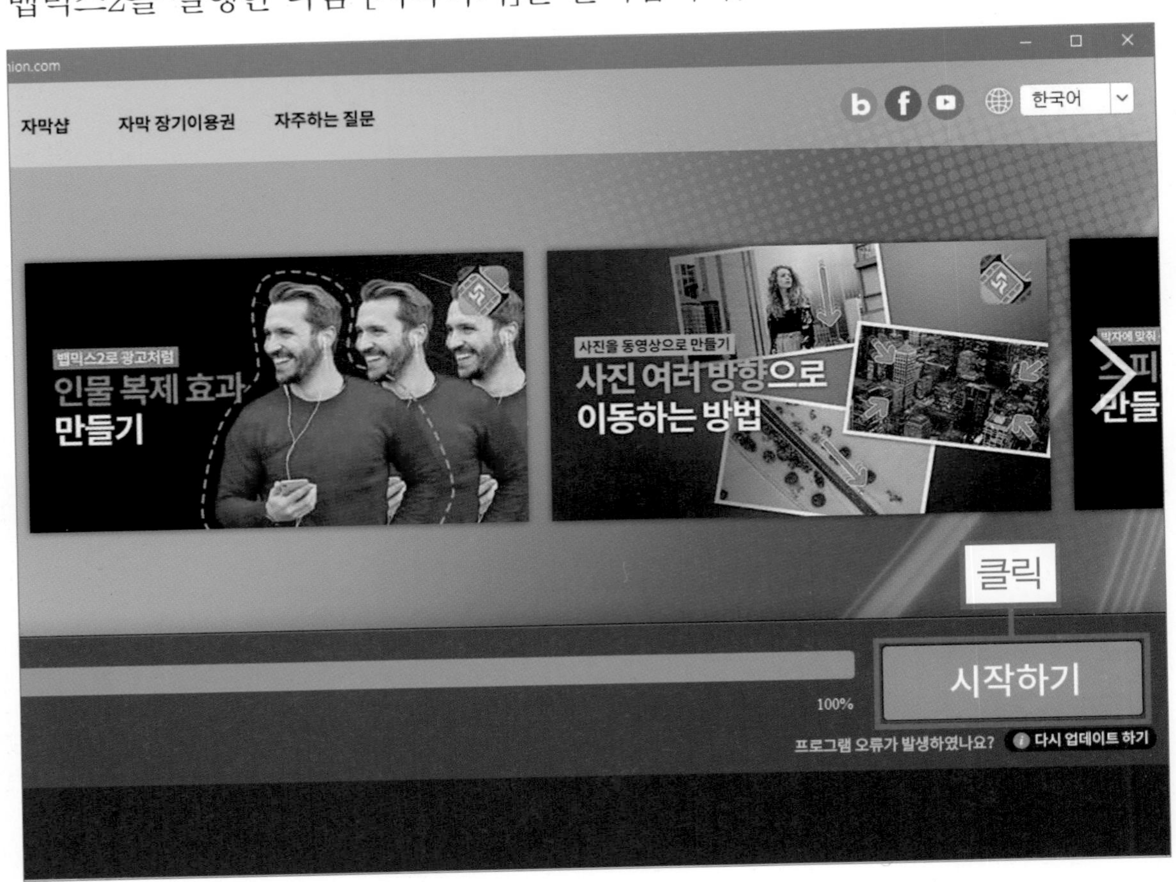

02 가입한 '이메일 주소'와 '비밀번호'를 입력하고 [로그인]을 클릭합니다.

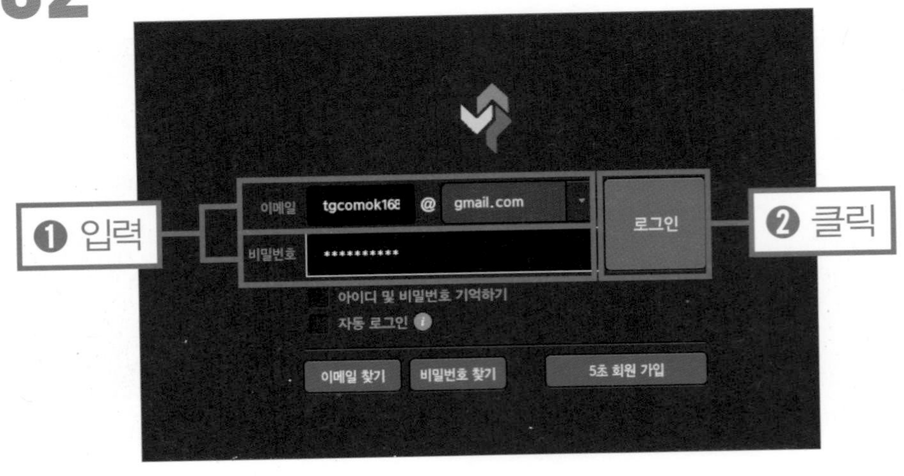

03 [새 프로젝트 만들기]를 클릭합니다. [화질 선택]을 클릭한 후 [[권장] FHD (1080p)]를 선택하고 [확인]을 클릭합니다.

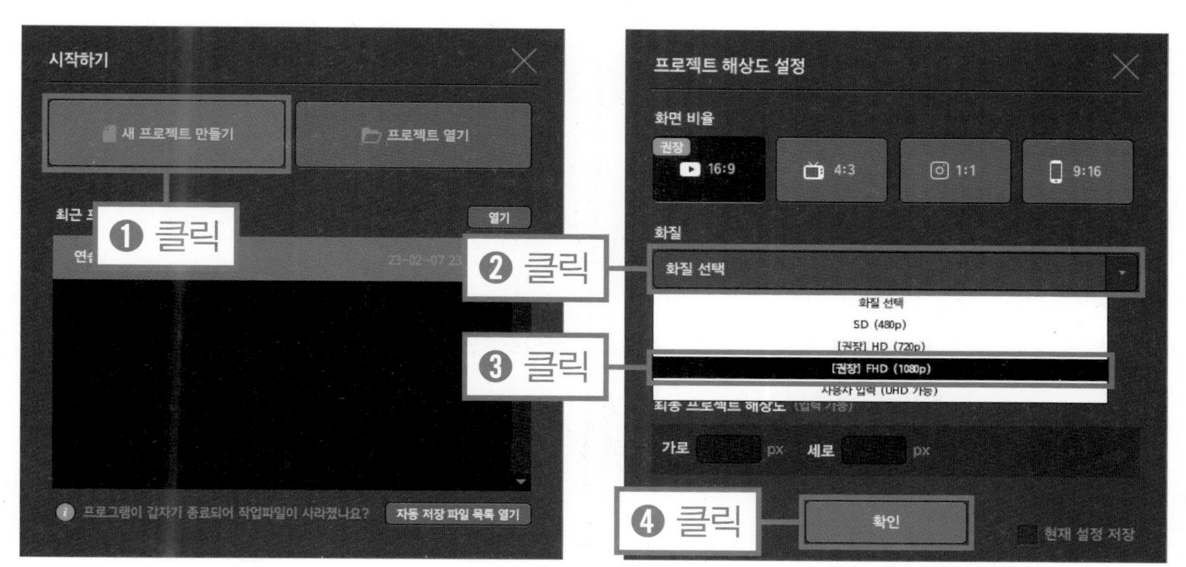

04 영상 편집 트랙 오른쪽에 있는 [+사진 · 영상] 버튼을 클릭합니다.

05 '비디오를 선택해주세요' 창이 나타나면 자신의 동영상 파일이 저장된 폴더에서 원하는 파일을 여러 개 선택하고 [열기]를 클릭합니다.

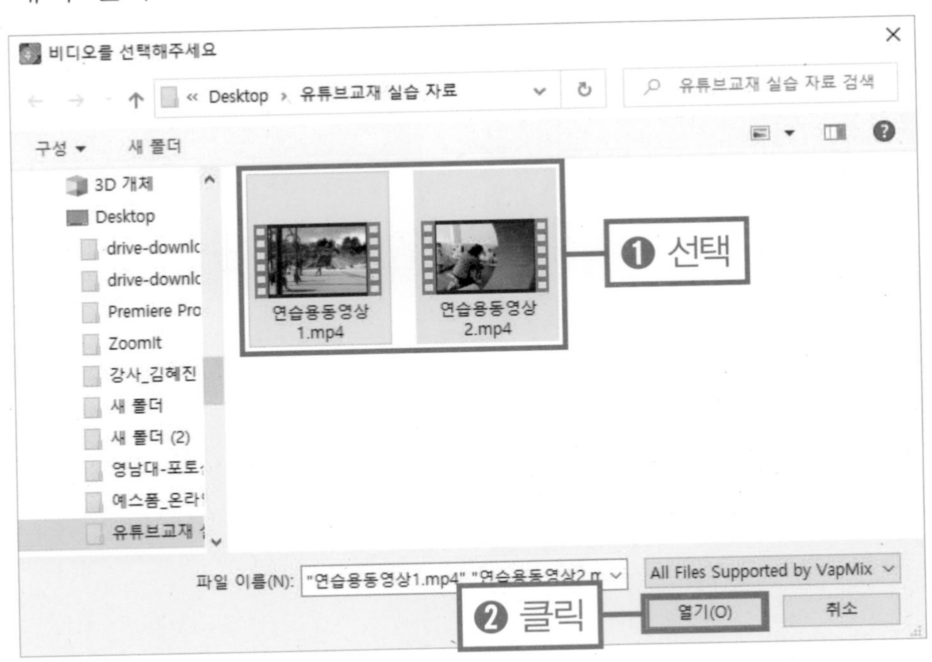

06 선택한 영상이 영상 편집 트랙에 선택한 순서대로 배치됩니다. 상단의 기능 탭 중에서 [배경음악]을 클릭하면 배경음악 트랙이 나타납니다.

07 오른쪽의 [+배경음악] 버튼을 클릭합니다. '배경음악 추가' 창이 나타나면 [내 컴퓨터]를 클릭합니다.

08 자신의 음원 파일이 저장된 폴더에서 원하는 음원 파일을 선택하고 [열기]를 클릭합니다.

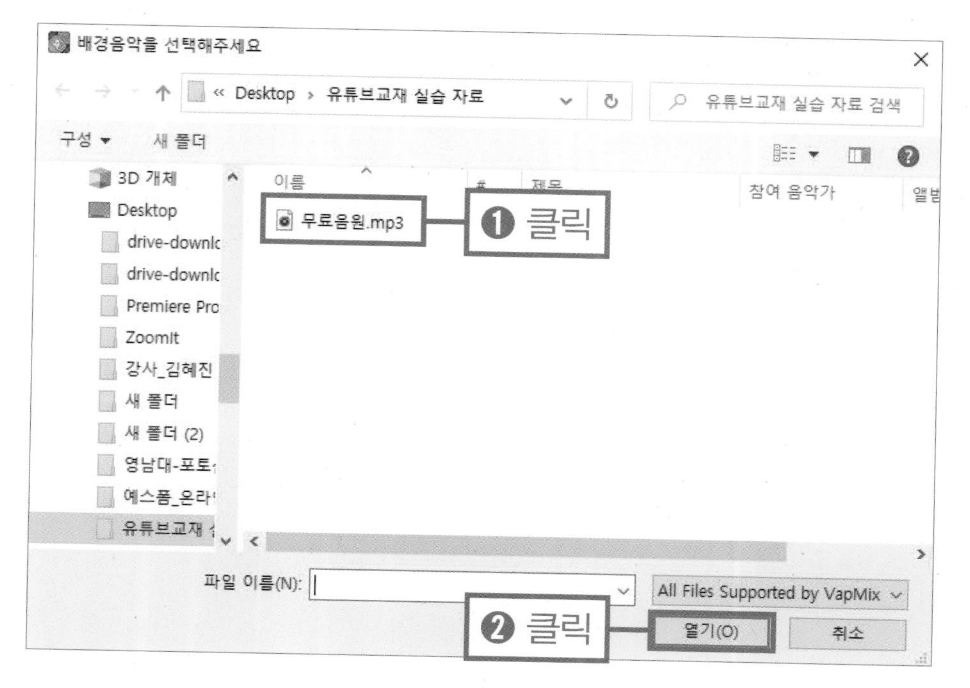

09

음원 파일이 삽입된 상태에서 영상의 길이에 맞게 음원의 뒷부분을 자르기 위해 [나누기] 버튼을 클릭한 다음 가위 모양의 마우스 포인터를 이용해서 음원의 나누고 싶은 부분을 클릭합니다.

10

음원 트랙이 분할되면 다시 한 번 [나누기] 버튼을 클릭하여 해제합니다.

11

분할된 음원의 끝부분을 선택하고 [Delete]를 눌러 삭제합니다. 영상의 장면 전환효과를 적용하기 위해 [전환효과]를 클릭합니다.

12

'전환효과' 창이 나타나면 원하는 전환효과를 선택하고 [확인]을 클릭합니다.

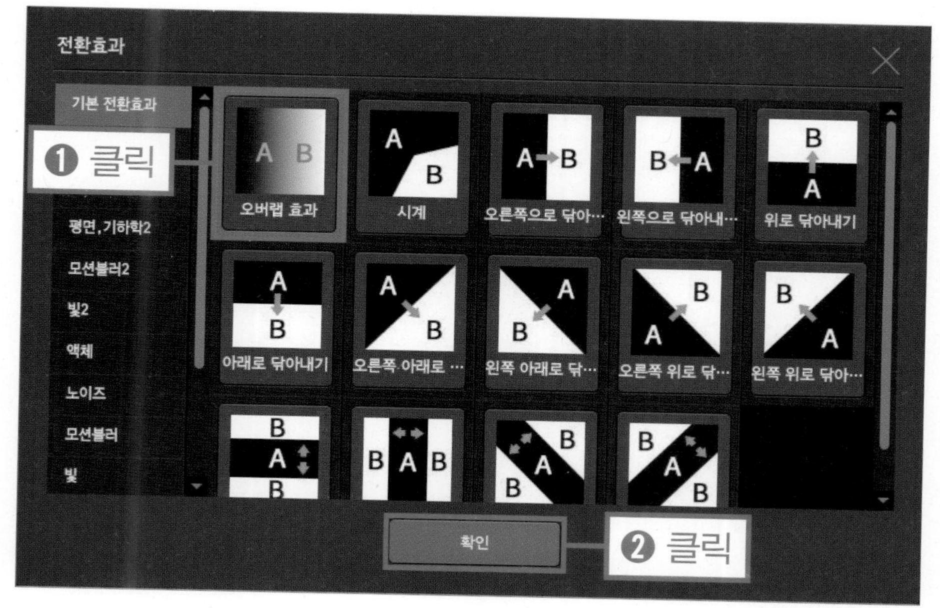

조금 더 배우기

가운데 부분에 열쇠가 걸린 효과는 유료로 구매해야 하는 효과입니다.

13 영상과 영상 사이에 마우스 포인터를 두고 클릭하면 선택한 화면 전환효과가 적용되며 파란색 표시가 설정됩니다.

14 상단의 기능 탭 중에서 [자막] 탭을 클릭합니다. 자막 트랙이 맨 위에 나타납니다. 기본 자막 중 원하는 자막을 선택하고 [넣기]를 클릭합니다.

15 '현재 선택하신 자막은 반응형 자막입니다' 안내 화면이 나타나면 [확인]을 클릭합니다.

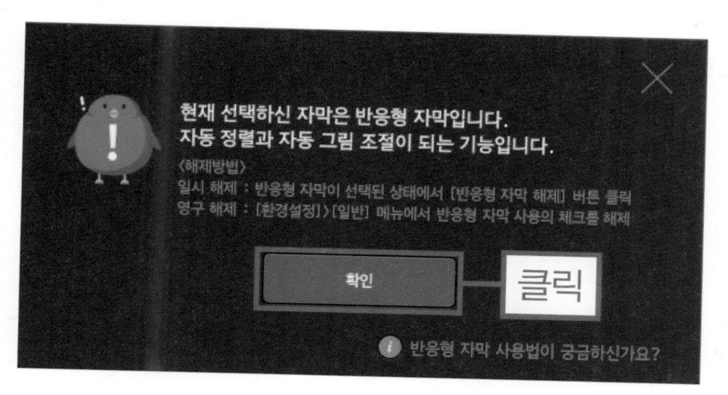

조금 더 배우기

안내 문구는 다음 자막 삽입 시에는 나타나지 않습니다.

16 선택한 자막이 영상의 아래 가운데 부분에 나타나면 자막을 더블 클릭한 후 원하는 내용으로 변경합니다. 여기서는 '즐거운 놀이터에 오신 것을 환영'으로 변경하였습니다.

17 자막 일부의 색상을 변경하고 싶다면 내용을 드래그해 블록 설정한 다음 오른쪽에 있는 '속성' 창에서 원하는 스타일을 선택합니다.

18 삽입된 자막의 끝부분에서 드래그하여 길이를 조절합니다. 영상으로 저장하기 위해 [저장] 탭을 클릭합니다.

19 '저장' 창이 나타나면 [프로젝트 파일 저장] 버튼을 클릭합니다. 프로젝트 파일은 영상의 원본 파일로 수정 작업을 할 때 필요합니다.

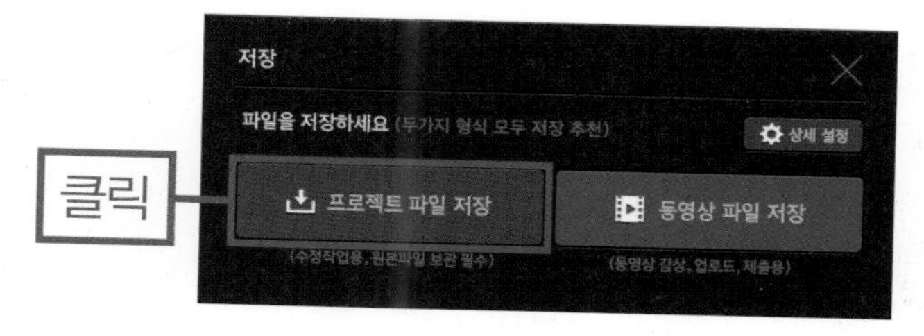

20 저장할 폴더를 선택하고 파일 이름을 입력한 후 [저장]을 클릭합니다.

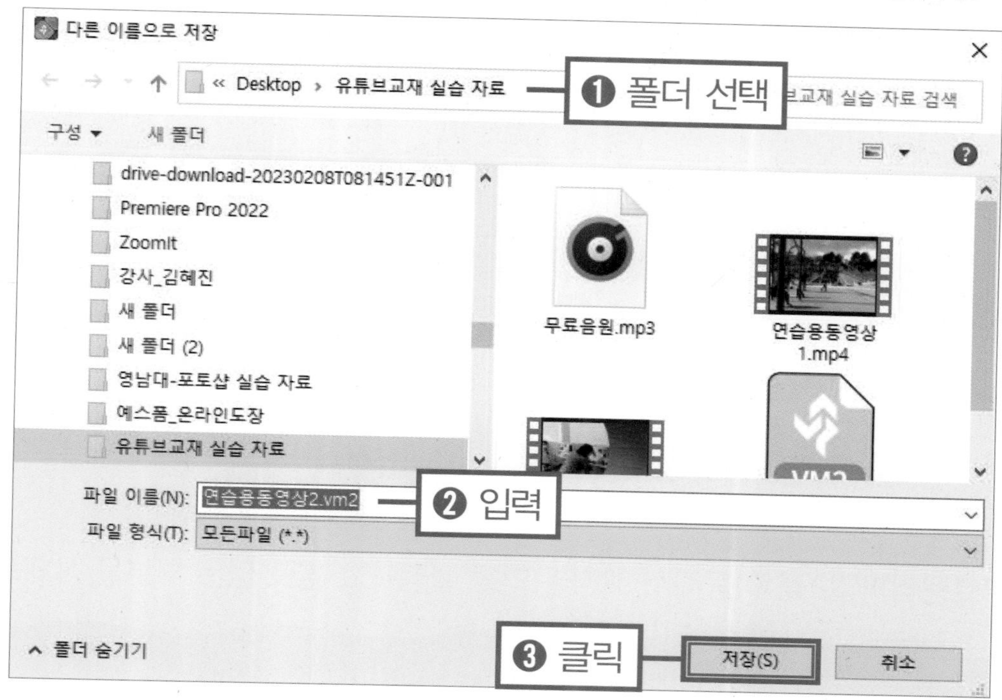

21 이번에는 완성용 동영상으로 저장하기 위해서 [저장] 탭을 클릭한 후 [동영상 파일 저장]을 클릭합니다. '저장상세설정' 창에서 기본 저장 상태를 확인한 후 [확인]을 클릭합니다.

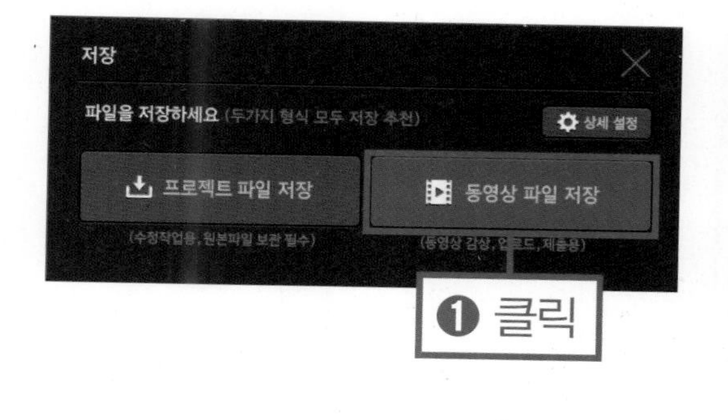

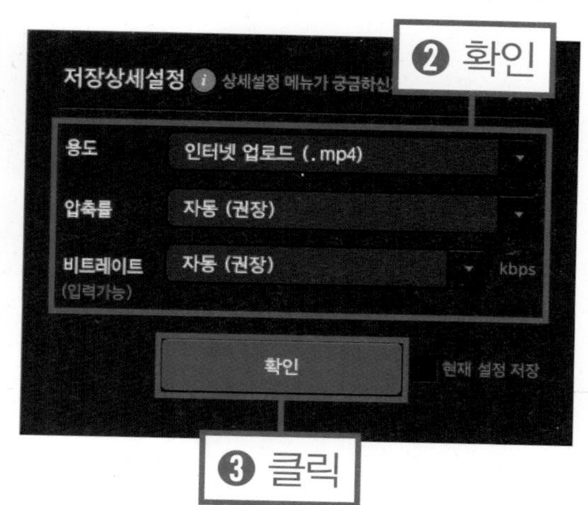

혼자서도 만들 수 있어요!

1 '실습용동영상1'과 '실습용동영상2' 파일을 이용하여 동영상을 제작해 보세요.

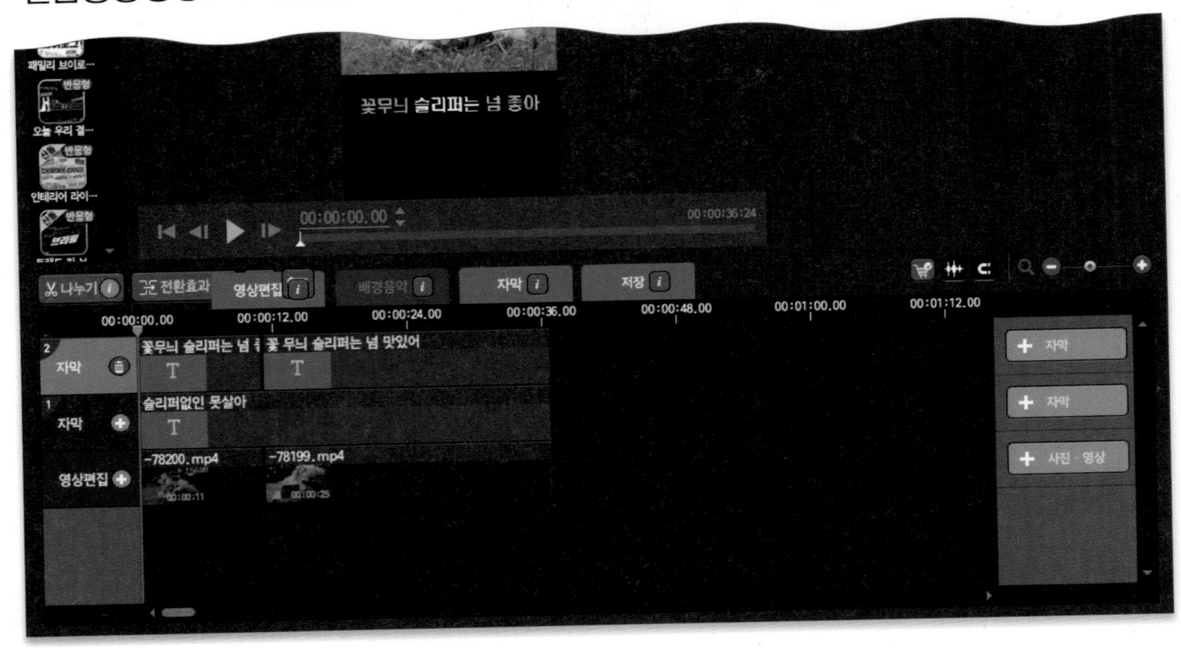

hint
- 영상 파일 2개 가져오기 → 자막 탭(자막 3개 넣기) → 내용 및 서식 설정하기
- 자막 내용 : 제목 – 토토리의 취미생활, 슬리퍼 없인 못살아 / 내용1 – 꽃무늬 슬리퍼는 넘 좋아 / 내용2 : 꽃무늬 슬리퍼는 넘 맛있어

2 '무료음악파일2'를 이용해서 배경 음악을 설정하고 필요 없는 부분을 삭제해 보세요.

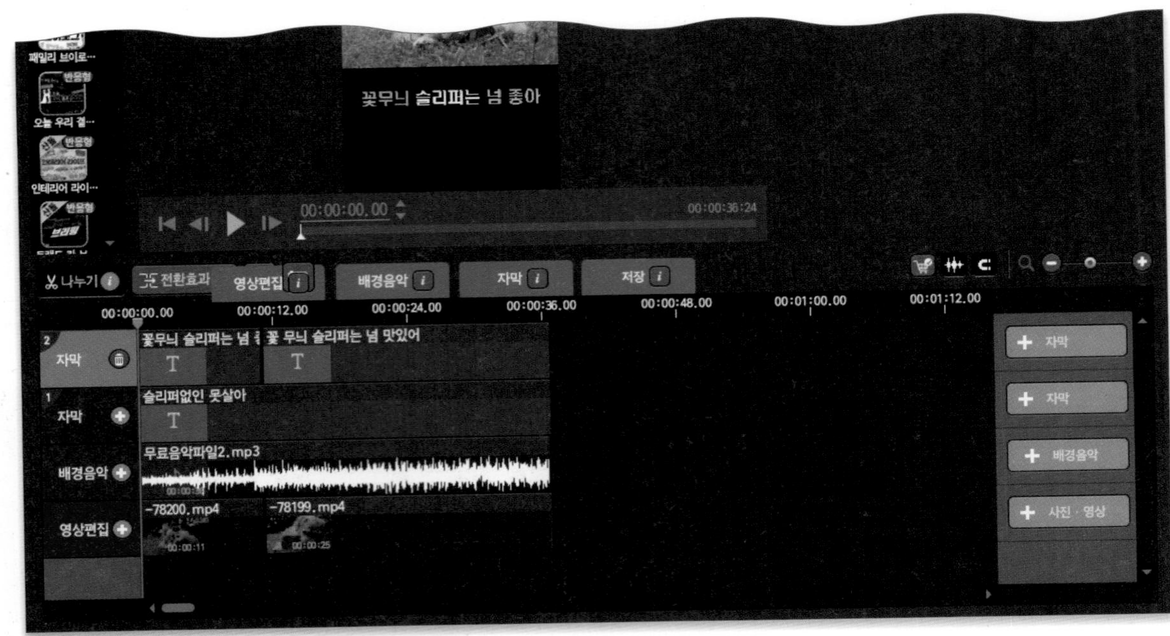

hint
[배경음악] 탭을 클릭한 후 배경음악 가져오기 → [나누기]를 클릭하여 음원 분할하기 → 필요 없는 부분 삭제하기

CHAPTER 14

컴퓨터에서 동영상 올리기

POINT

앞서 제작한 영상을 자신의 유튜브 채널에 업로드해 보도록 하겠습니다.

완성 화면 미리 보기

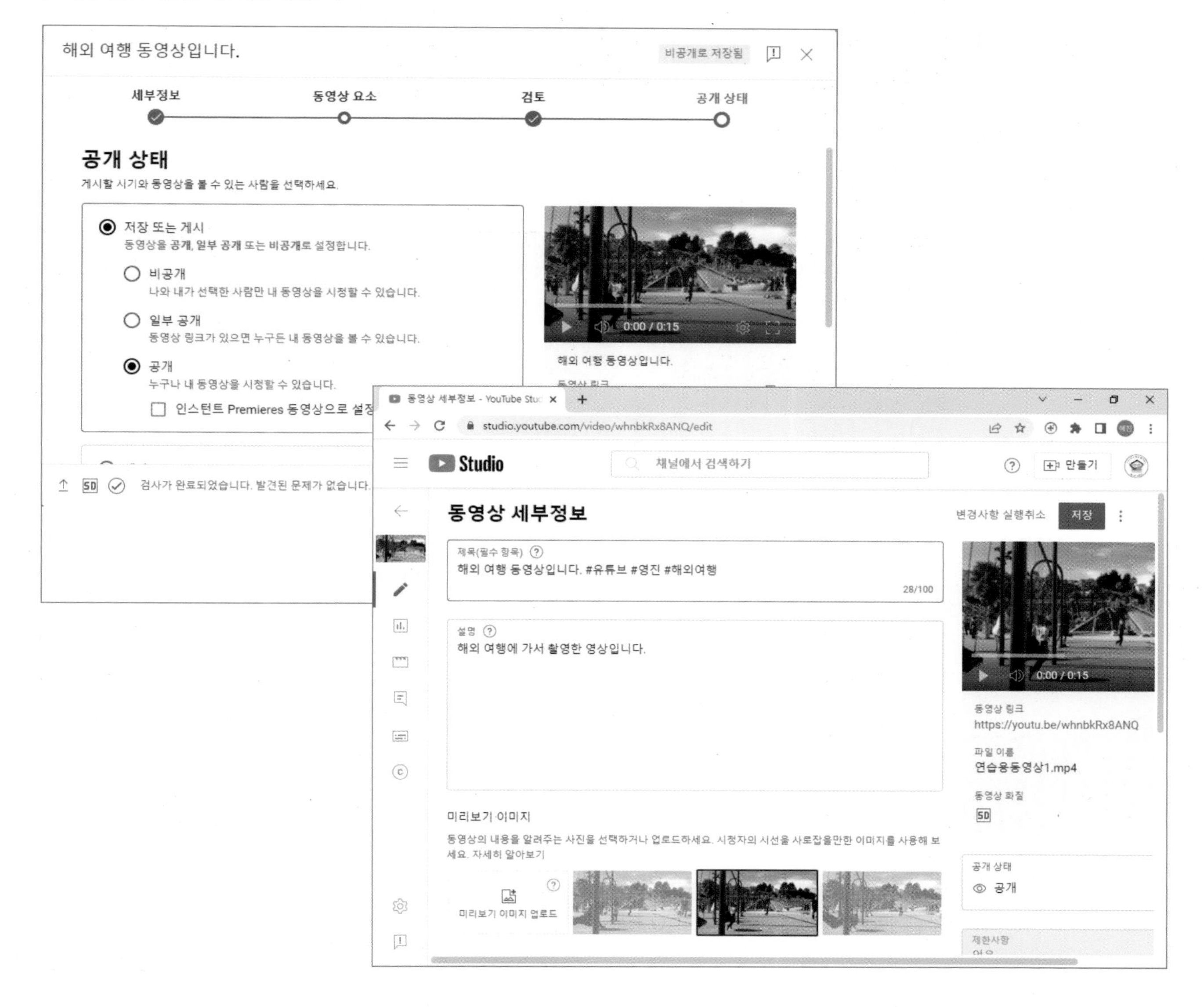

여기서 배워요!

유튜브 채널에 동영상 업로드하기, 동영상 기본 정보 입력하기

STEP 01 유튜브 채널에 동영상 업로드하기

01 유튜브에 로그인된 상태에서 홈 화면의 오른쪽 위에 있는 [만들기]( )를 클릭한 후 [동영상 업로드]를 클릭합니다.

02 파일을 업로드하기 위해 [파일 선택]을 클릭합니다.

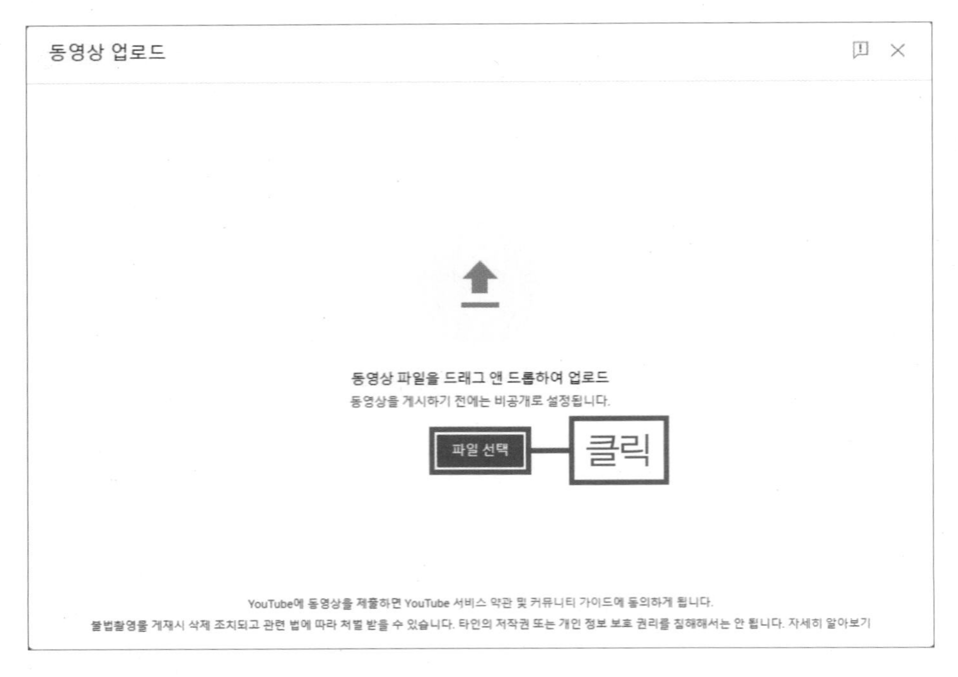

03 영상이 저장된 폴더로 이동한 후 동영상 파일을 선택하고 [열기]를 클릭합니다.

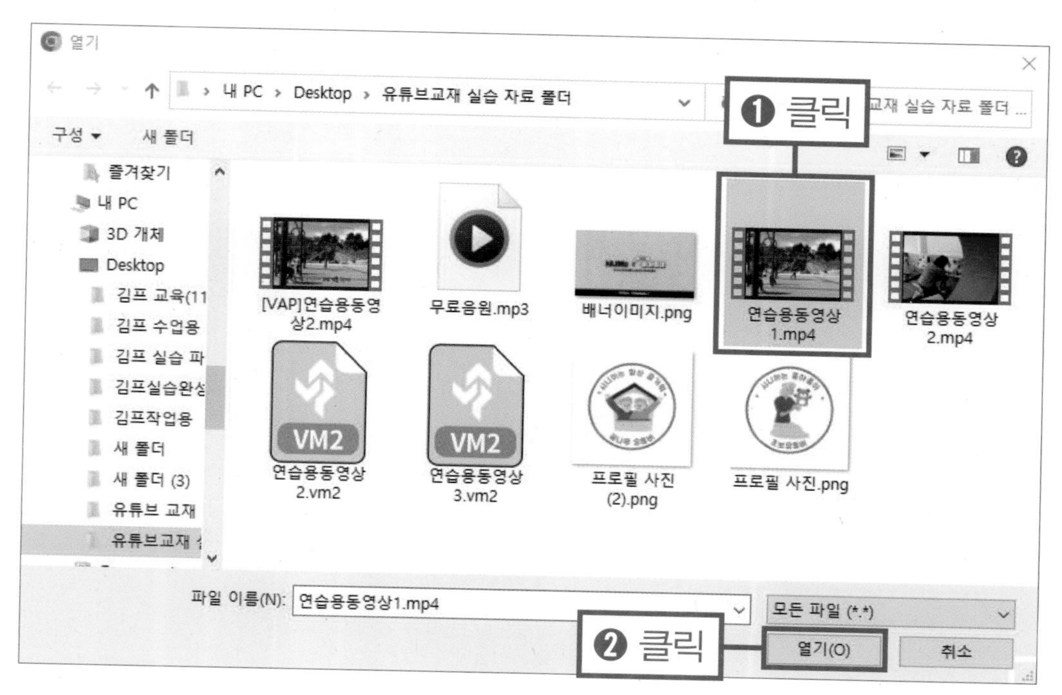

04 '세부정보'의 '제목'과 '설명'을 입력한 후 [다음]을 클릭합니다.

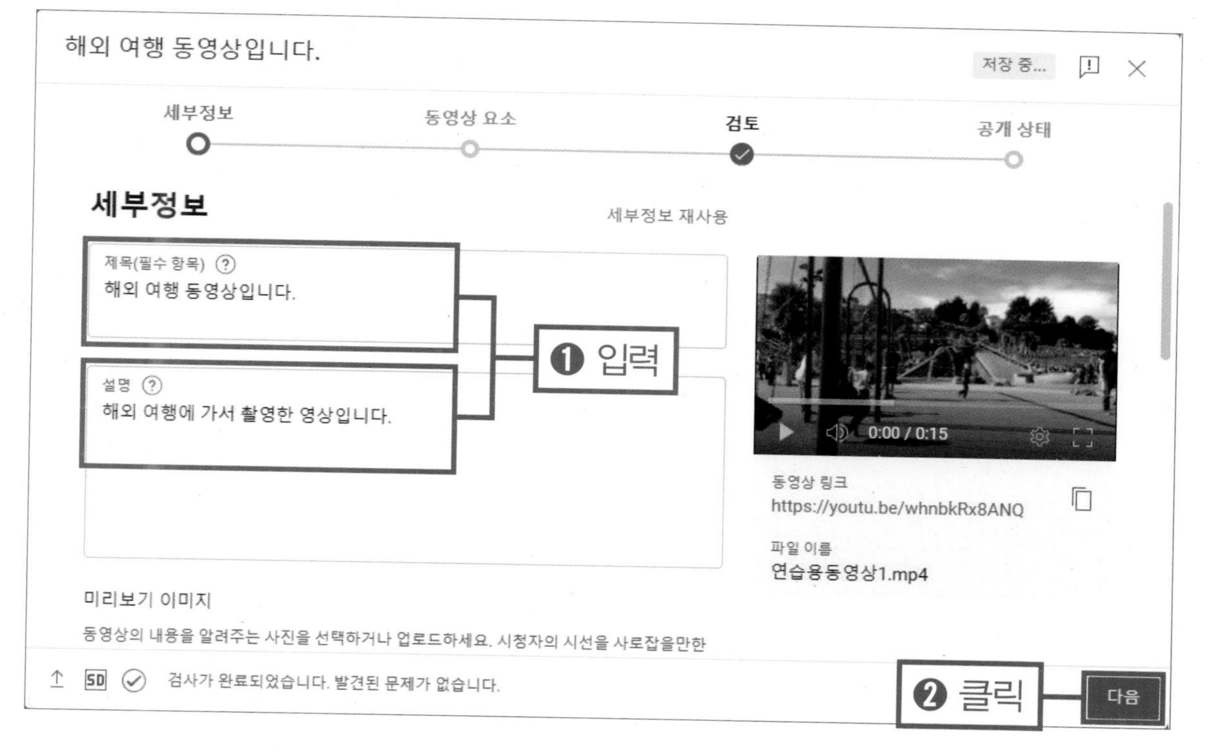

05 스크롤바를 드래그해 아래로 이동합니다. '시청자층' 선택 항목에서 [아니요, 아동용이 아닙니다]를 선택한 후 [다음]을 클릭합니다.

06 '동영상 요소'에서는 따로 선택하지 않고 [다음]을 클릭합니다.

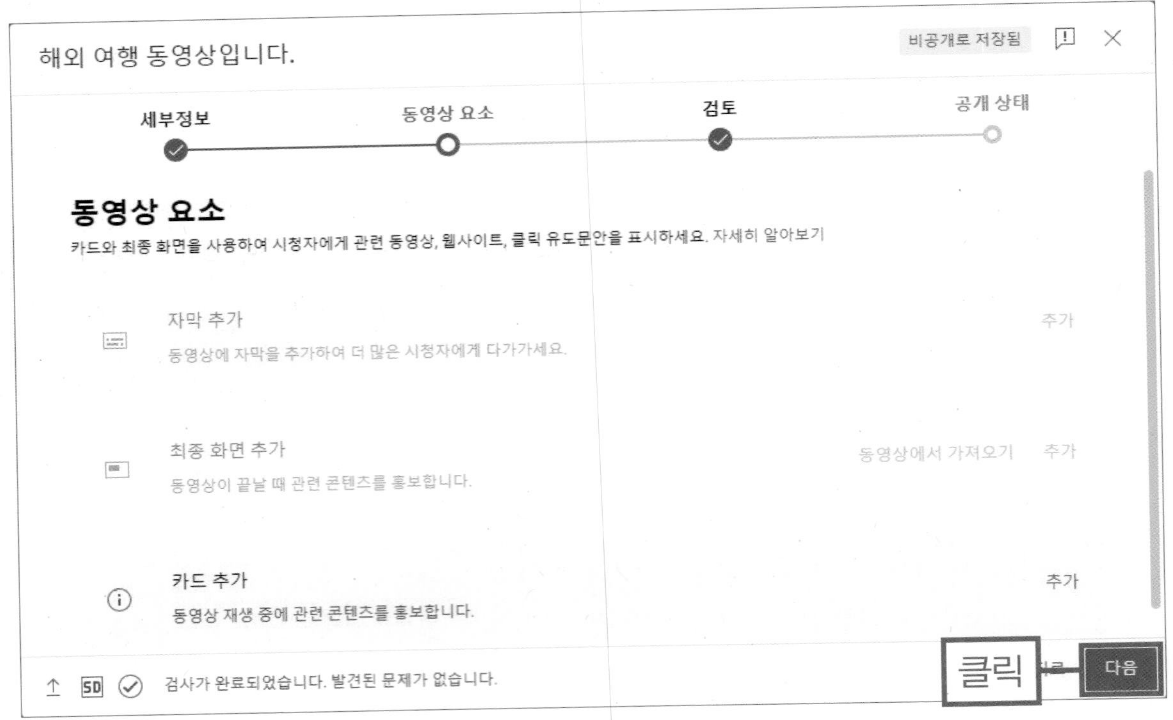

07 저작권에 대한 '검토' 사항을 확인한 후 [다음]을 클릭합니다.

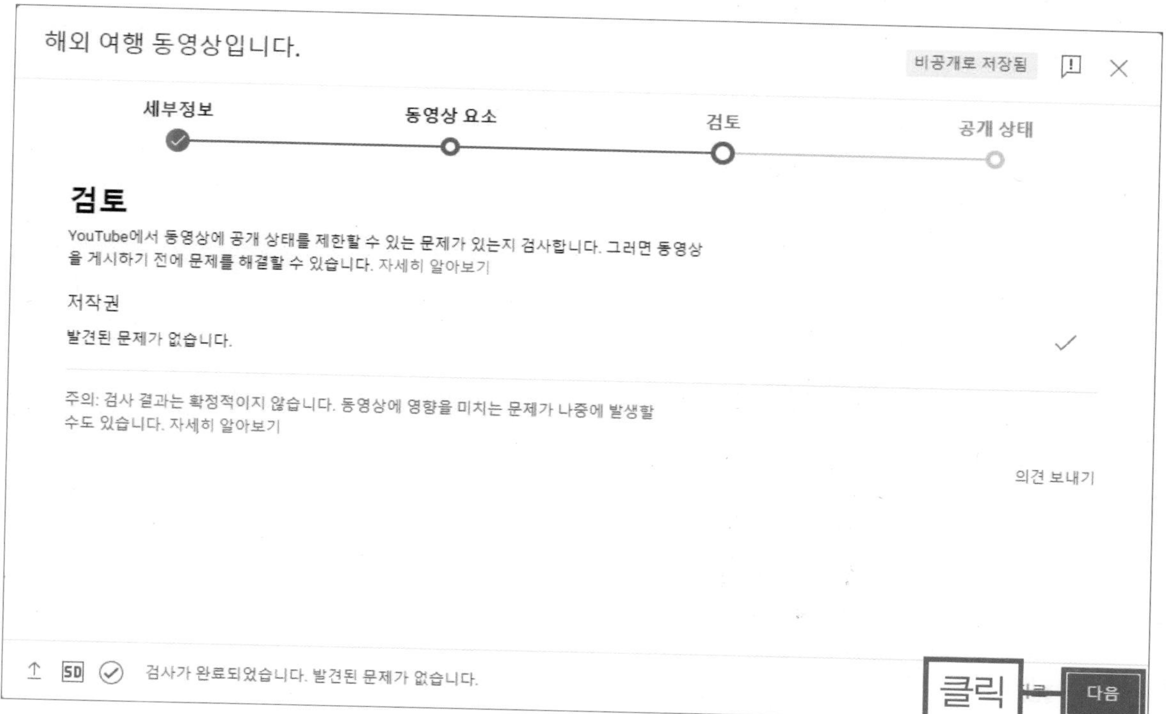

08 '공개 상태'는 [공개]로 선택한 후 [게시]를 클릭합니다. '링크 공유' 창이 나타나면 [닫기]를 클릭합니다.

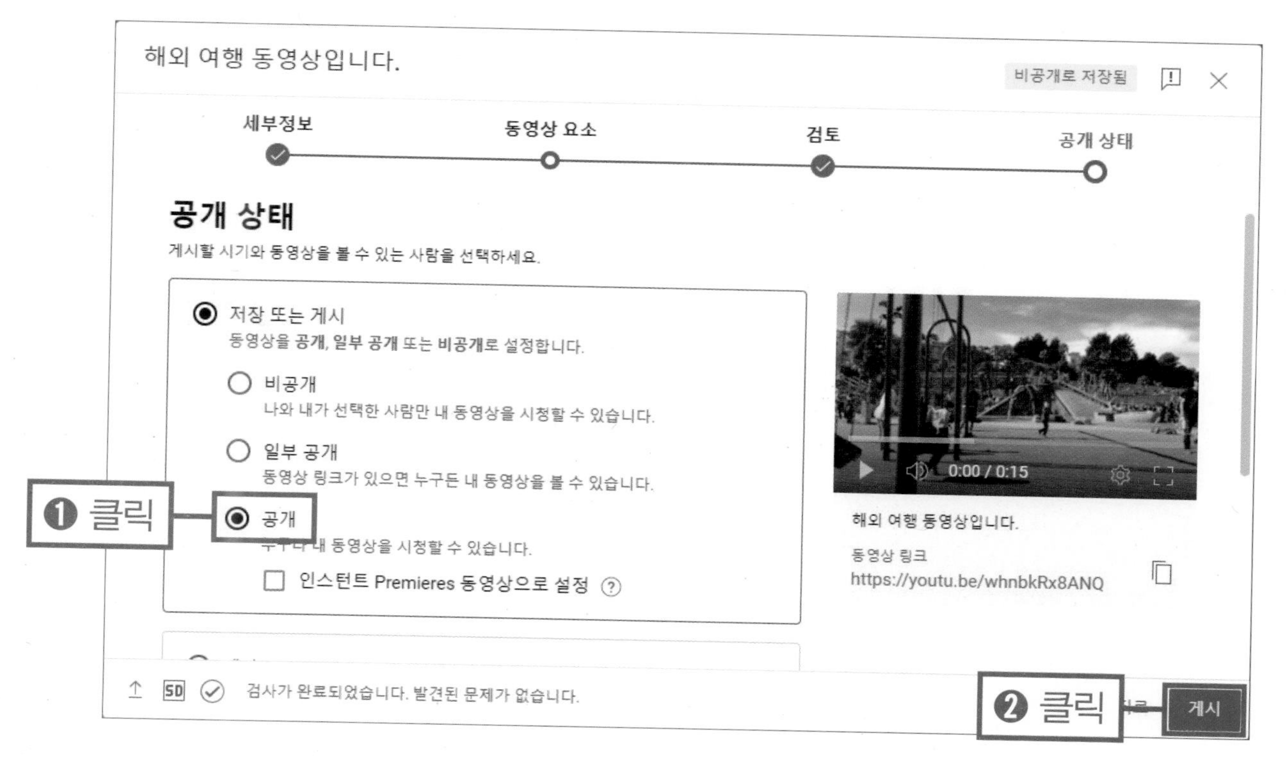

STEP 02 동영상 기본 정보 입력하기

01 동영상의 해시태그를 입력하기 위해 업로드한 동영상 화면을 클릭합니다.

02 제목란에 있는 내용 뒤에 동영상과 연관된 해시태그를 입력합니다. 여기서는 '#유튜브 #영진닷컴 #해외여행'의 해시태그를 입력했습니다. 변경이 완료되면 [저장]을 클릭합니다.

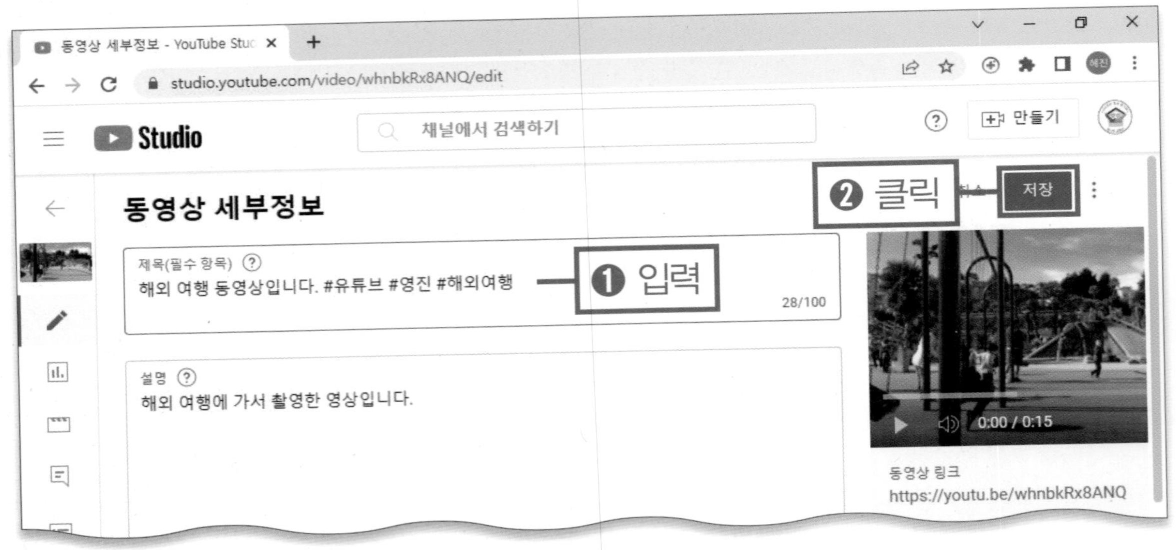

조금 더 배우기

해시태그란 #(샤프 기호)와 특정 단어를 붙여 쓴 것으로 해시 기호를 써서 게시물을 묶는 것이라고 할 수 있습니다. 트위터, 페이스북 등 각종 SNS에서 특정 핵심어를 편리하게 검색할 수 있도록 하는 형태입니다. 해시 기호 뒤 문구는 띄어 쓰지 않습니다. 띄어 쓸 경우 해시태그가 아닌 것으로 인식합니다.
예) #유튜브 #영진닷컴 #시니어

혼자서도 만들 수 있어요!

1 뱁믹스2 프로그램에서 영상을 편집한 후 컴퓨터에 저장한 영상을 유튜브 채널에 업로드해 보세요.

hint [만들기]를 클릭한 후 [동영상 업로드]를 클릭 → 동영상이 저장된 폴더에서 파일 선택한 후 세부 정보 입력 → [게시] 클릭

2 업로드한 영상의 설명 부분에 '#뱁믹스2'를 삽입해 보세요.

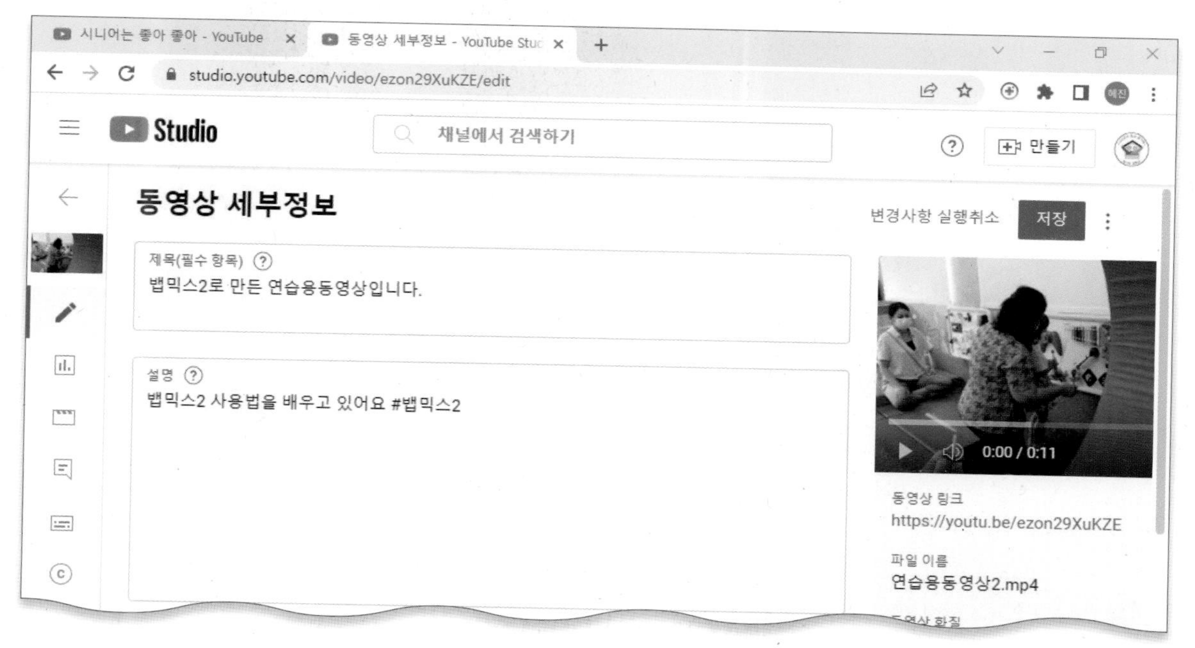

hint 업로드한 동영상 선택 → '동영상 세부정보' 화면에서 '제목'에 '#뱁믹스2'를 입력한 후 [저장] 클릭

CHAPTER 15

스마트폰에서 동영상 멋지게 편집하기

POINT

언제 어디서든지 스마트폰을 이용해 멋진 동영상을 편집할 수 있는 캡컷 앱의 사용 방법을 배워보도록 하겠습니다.

완성 화면 미리 보기

여기서 배워요!

캡컷 앱 설치하기, 캡컷 앱 화면 구성 알아보기, 사진을 사용해 동영상처럼 편집하기, 캡컷 영상에 스티커 넣고 애니메이션 설정하기, 캡컷 영상에 오디오 설정하고 저장하기

STEP 01 캡컷 앱 설치하기

01 [Play 스토어] 앱의 검색란에 '캡컷'을 입력하여 검색합니다. 목록에서 [CapCut - 동영상 편집 어플]을 터치한 다음 [설치]를 터치합니다.

02 설치가 완료되면 [열기]를 터치합니다. 약관의 체크 박스를 모두 터치하여 체크한 다음 [동의합니다]를 터치합니다.

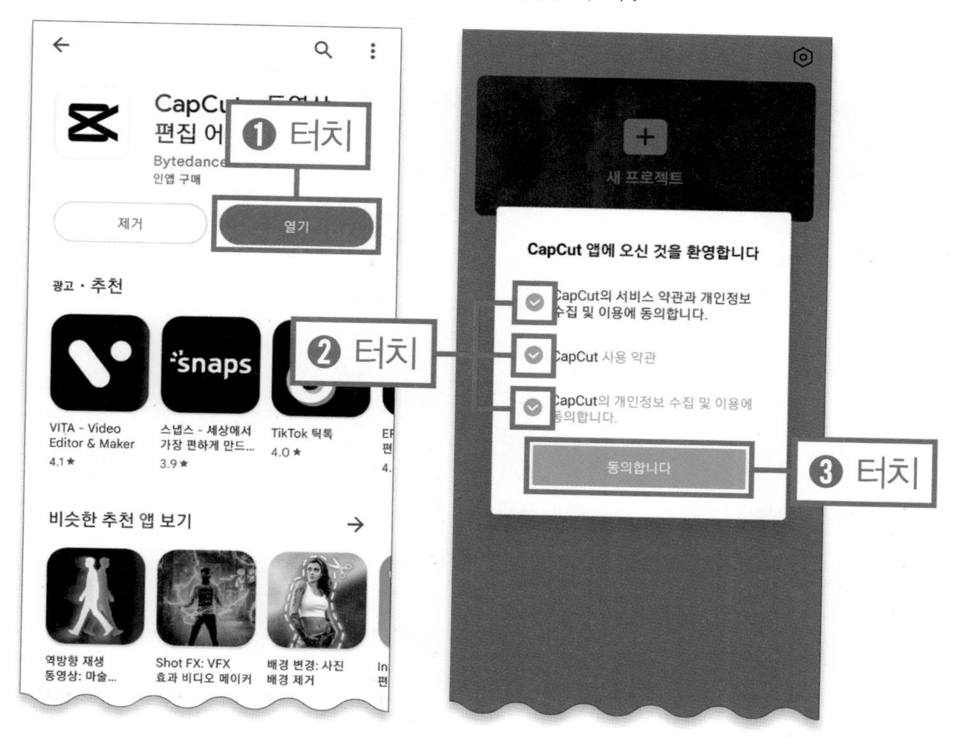

STEP 02 캡컷 앱 화면 구성 알아보기

01 앱 화면에서 [새 프로젝트]를 터치합니다. 자신의 스마트폰 갤러리에 있는 사진과 동영상 목록이 나타납니다. 상단의 [동영상]과 [사진] 탭 중 [사진]을 터치합니다.

조금 더 배우기

앱 화면에서 [새 프로젝트]를 터치한 후 상단의 [동영상]과 [사진] 탭 중 [동영상]을 터치해 동영상 파일을 불러와도 됩니다.

02 사진의 오른쪽 위에 있는 동그라미 버튼을 터치해서 원하는 사진 여러 개를 선택한 다음 [추가]를 터치합니다. '영상 편집' 창이 열립니다. 아래 메뉴 바를 옆으로 드래그해 편집 메뉴를 살펴본 후 [텍스트]를 터치합니다.

STEP 03 사진을 사용해 동영상처럼 편집하기

01 아래 메뉴 중 [텍스트 추가]를 터치합니다. '고양이들의 하루'를 입력한 후 [확인](✓)을 터치합니다.

02 글자 서식 편집을 위해 [스타일]을 터치합니다. [글꼴] 탭에서 원하는 글꼴을 선택하고 [확인](✓)을 터치합니다. 여기서는 [검]을 선택했습니다.

03 텍스트의 위치를 변경하기 위해 텍스트 박스 안을 길게 터치해 원하는 위치로 이동시킵니다. 이번에는 글자색을 변경하기 위해 [스타일]을 터치합니다. 이후 [스타일] 탭을 선택합니다. 미리 만들어져 있는 스타일을 확인합니다.

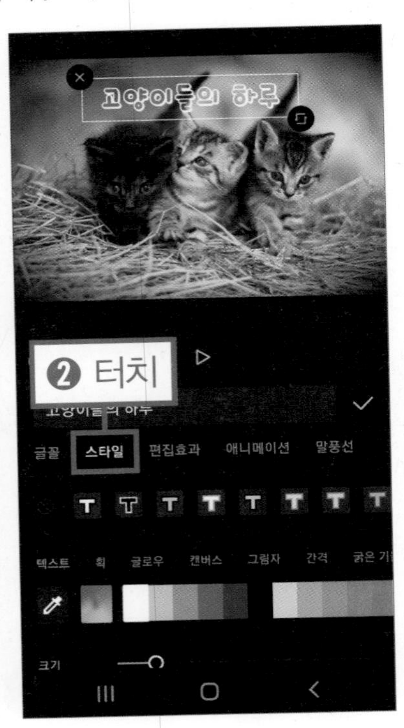

04 영상에서 제일 무난하게 잘 보이는 속성 중에서 원하는 속성을 선택합니다. 선택이 끝나면 [확인](✔)을 터치합니다.

05

영상을 저장하기 위해 오른쪽 위에 있는 [저장]( )을 터치합니다. 이후 [완료]를 터치합니다. 저장된 영상은 [갤러리] 앱에서 확인할 수 있습니다.

조금 더 배우기

• 사진이나 영상, 텍스트 등의 스타일은 작업하는 환경에 따라 다른 스타일 메뉴로 구성되어 있습니다. 각각의 내용에 따라 설정할 수 있는 메뉴를 알아봅니다. 사진이나 영상 클립을 선택하고 아래 메뉴 중 [스타일]을 터치합니다. 다양한 스타일을 설정할 수 있습니다.

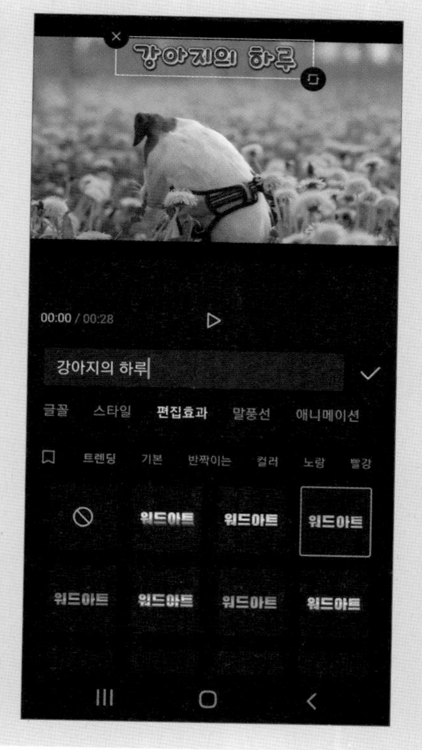

STEP 04 캡컷 영상에 스티커 넣고 애니메이션 설정하기

01 영상에 스티커를 넣기 위해 아래 메뉴에서 [스티커]를 터치합니다. 원하는 스티커를 선택합니다.

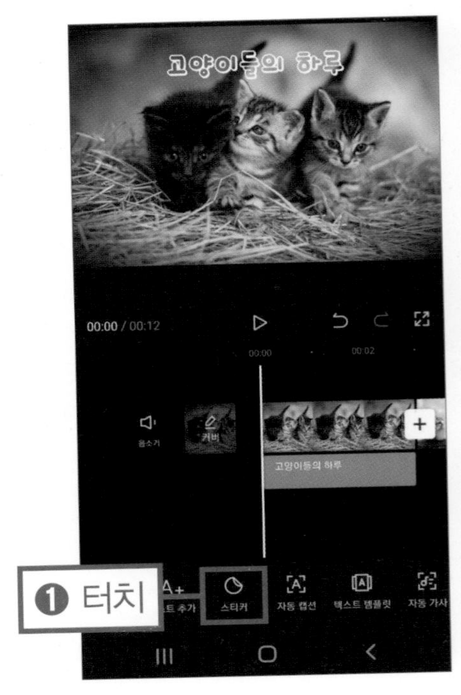

02 삽입된 스티커 이미지를 두 손가락으로 줌인하여 크기를 작게 조절합니다. 장면을 뒤쪽으로 이동한 다음 스티커를 넣기 위해 (≪)를 터치해서 전 화면으로 이동합니다.

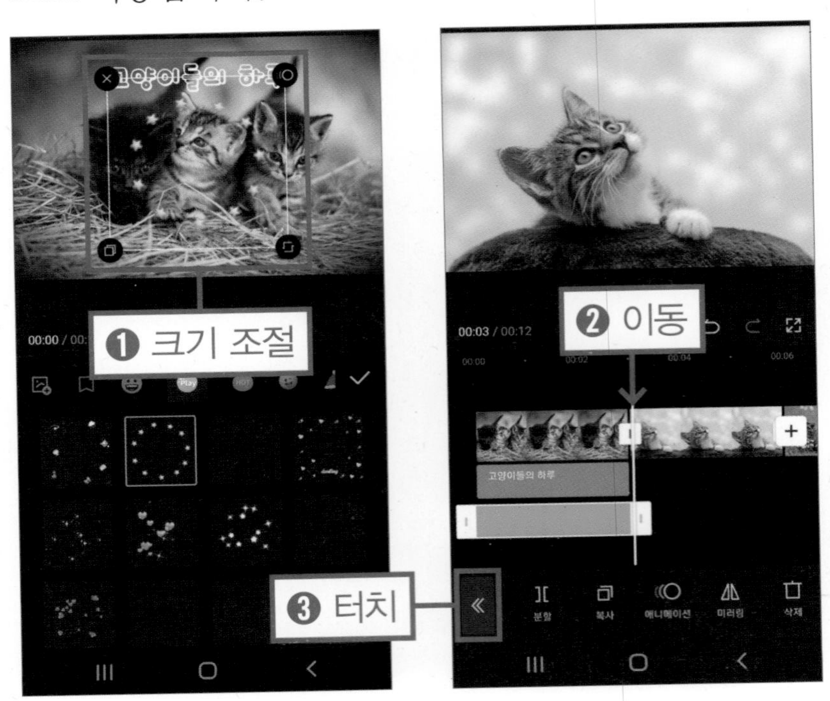

03 다시 한 번 [스티커]를 터치한 다음 목록을 옆으로 밀어서 이동한 후 원하는 스티커를 선택합니다.

04 삽입된 스티커를 두 손가락으로 줌인하여 크기를 작게 한 후 [완료]( )를 터치합니다. 영상의 화면 맨 앞으로 이동합니다. 삽입된 [스티커]를 선택한 다음 아래 메뉴에서 [애니메이션]을 선택합니다.

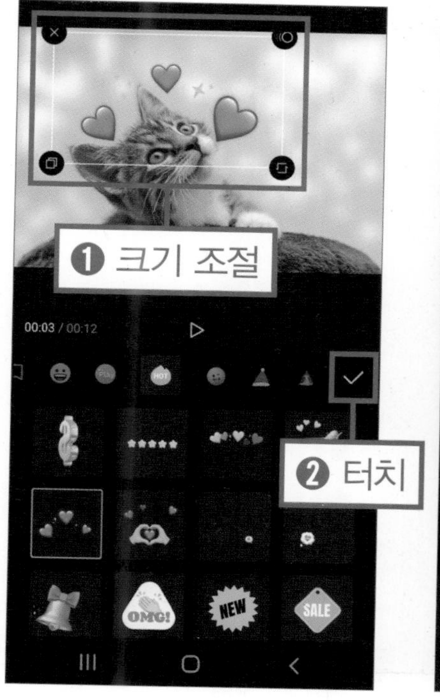

05 [반복] 탭을 터치한 다음 애니메이션 종류에서 [회전]을 선택합니다. [완료](✓)를 터치합니다.

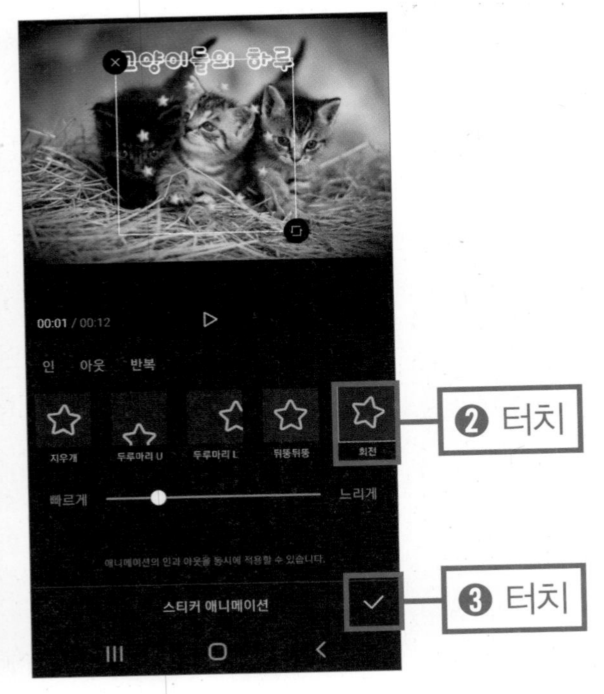

STEP 05 캡컷 영상에 오디오 설정하고 저장하기

01 영상의 맨 앞 화면으로 이동합니다. 오디오를 삽입하기 위해 하단의 («)를 터치합니다. 이후 (<)를 터치합니다.

02 아래 메뉴에서 [오디오]를 터치한 후 [사운드]를 터치합니다.

03 '사운드 추가' 화면에서 다양한 장르의 음악 중 [힐링]을 터치합니다. 노래 엘범의 이미지를 터치하면 미리 듣기가 가능합니다.

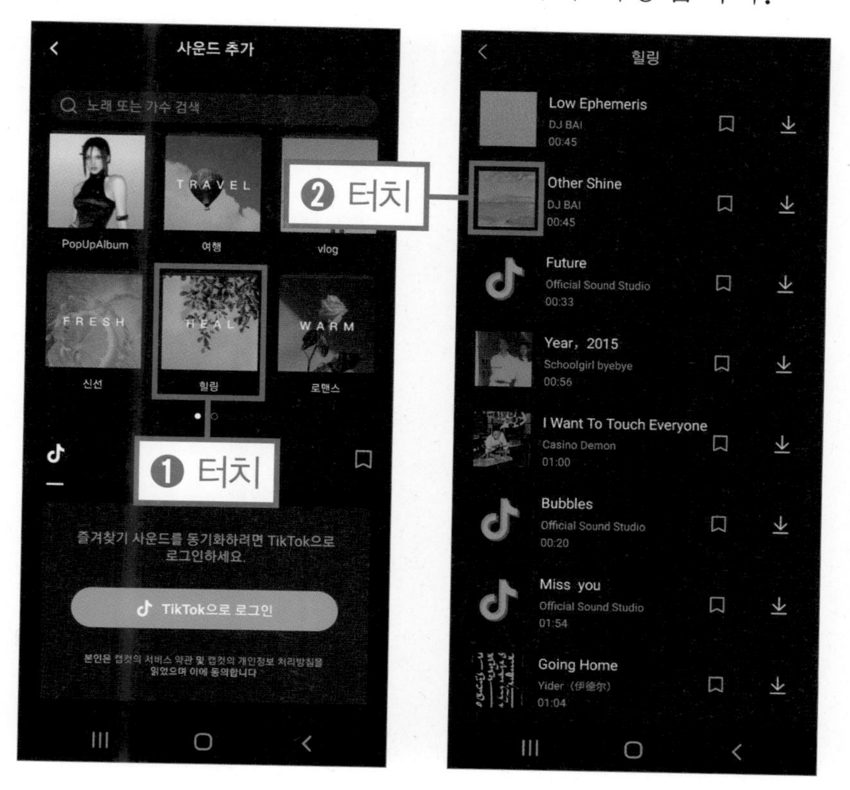

04 미리 듣기한 음악을 선택하기 위해서 [추가](+) 버튼을 터치합니다. 삽입된 음악을 확인할 수 있는 초록색 트랙이 나타납니다.

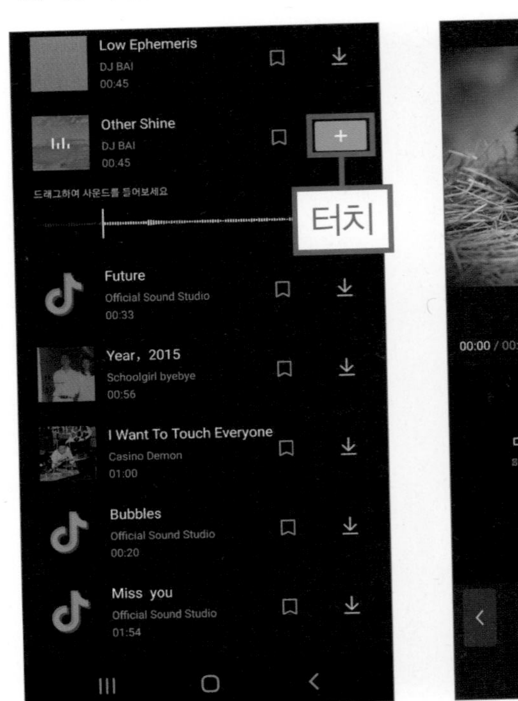

05 완성 영상을 저장하기 위해 [저장](⬆)을 터치합니다. '내보내는 중' 화면이 끝날 때까지 기다립니다.

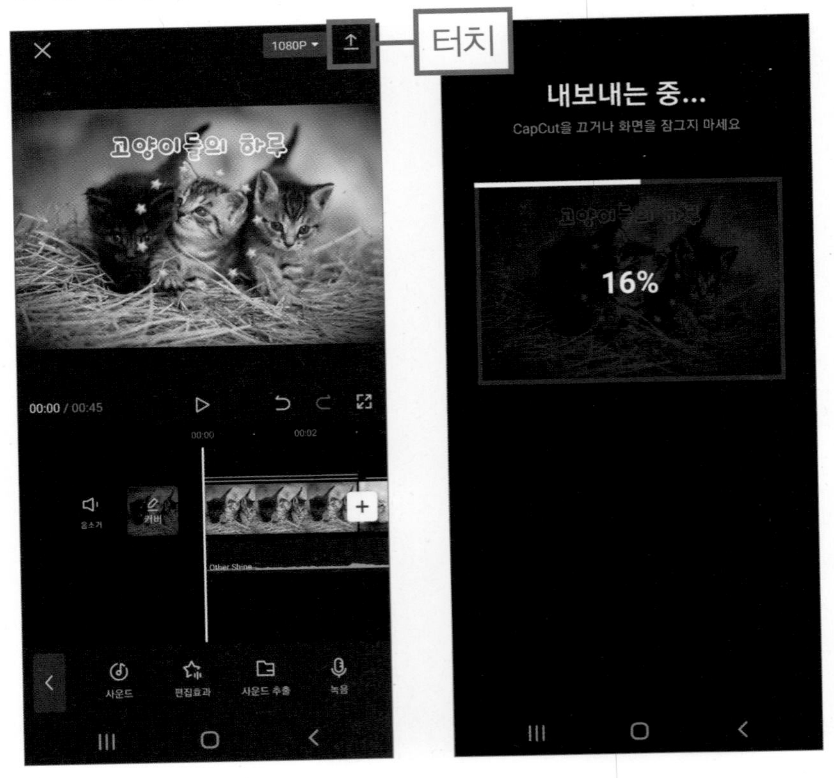

06 기본 화면으로 빠져나오기 위해서 [완료]를 터치합니다. [갤러리] 앱에서 영상을 확인합니다.

혼자서도 만들 수 있어요!

1 영상 안에 텍스트를 입력하고 편집 효과를 넣어 제작해 보세요.

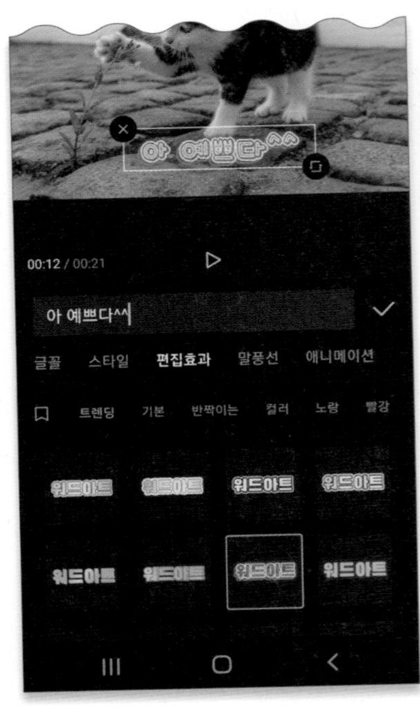

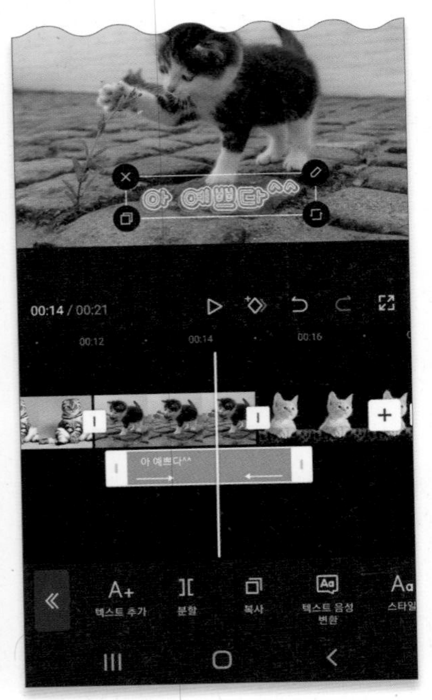

hint [캡컷] 앱을 실행하고 영상 불러오기 → 텍스트 추가 → [편집효과] 탭에서 원하는 편집 효과 선택

2 편집한 텍스트에 애니메이션 효과를 설정해 보세요.

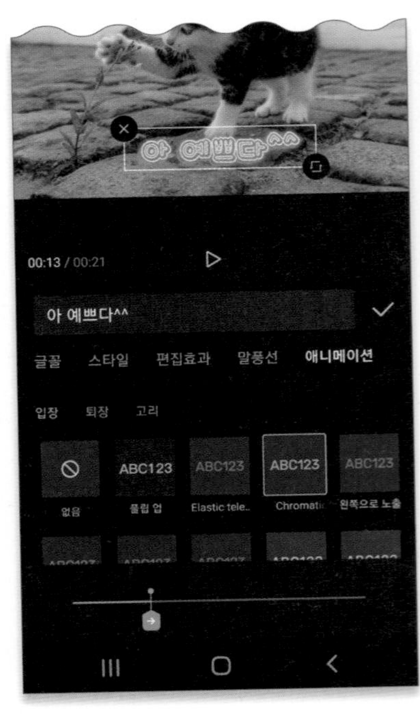

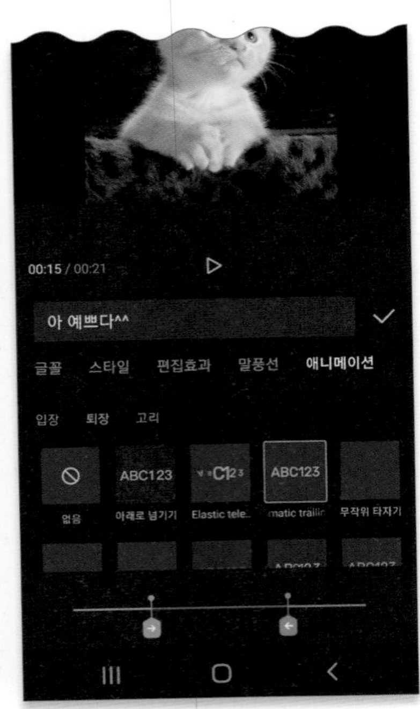

hint 삽입된 텍스트 클립을 선택 → [스타일]-[애니메이션]을 터치한 후 원하는 애니메이션 효과 선택

CHAPTER 16

스마트폰에서 유튜브 채널에 동영상 올리기

POINT

스마트폰을 이용해 언제든지 영상을 편집해서 유튜브에 올릴 수 있습니다. 여기서는 영상 편집 앱에서 편집한 영상을 바로 자신의 유튜브 채널에 업로드하는 방법을 알아봅니다.

완성 화면 미리 보기

여기서 배워요!

캡컷 앱에서 유튜브 채널에 동영상 올리기, 동영상 기본 정보 입력하기

STEP 01 캡컷 앱에서 유튜브 채널에 동영상 올리기

01 영상 편집 화면에서 [저장]( )을 터치합니다. 영상 내보내기 화면이 나타나며 100% 완료될 때까지 기다립니다.

02 '공유 준비 완료' 화면 아래에 있는 [기타] 메뉴를 터치합니다. 스마트폰에 설치된 앱 중에서 [YouTube]를 터치합니다.

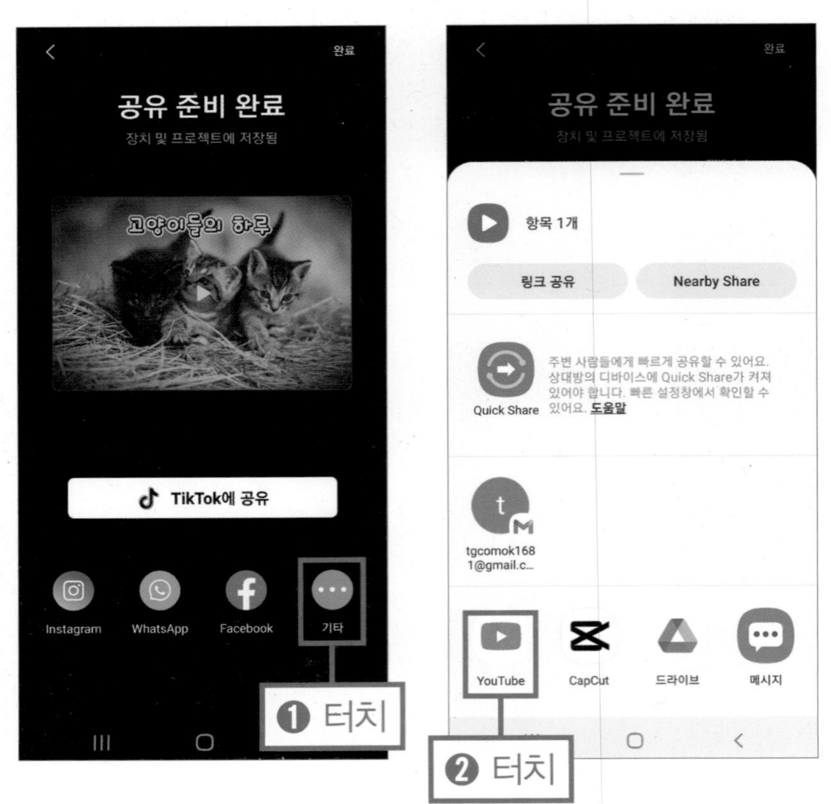

STEP 02 동영상 기본 정보 입력하기

01 화면 중앙의 [더보기](⋯)를 터치합니다. 원하는 동영상을 선택합니다.

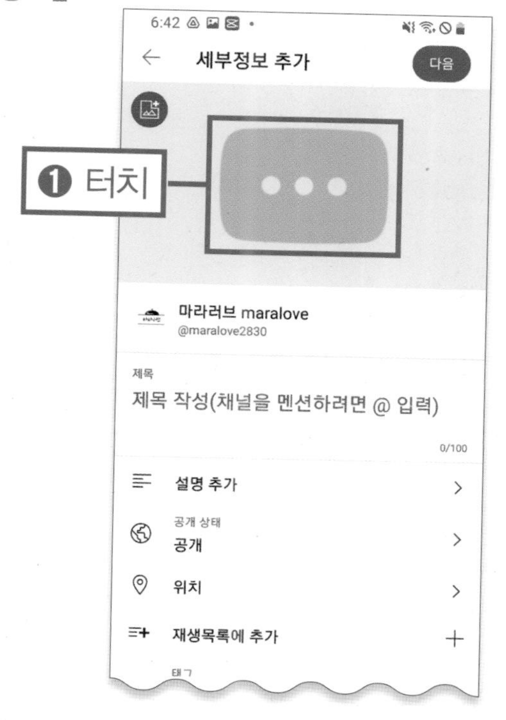

02 썸네일 화면을 맞춘 후 [완료]를 터치합니다. '세부정보 추가' 화면이 나타나면 아래 제목란을 터치해 제목을 입력합니다. [설명 추가]를 터치합니다.

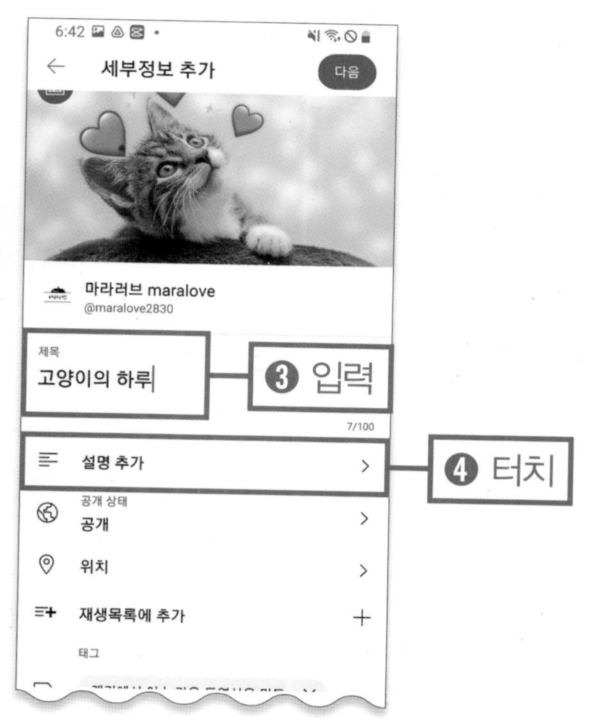

03 내용을 입력하고 상단의 화살표(←)를 터치하여 앞 화면으로 돌아옵니다. [다음]을 터치합니다.

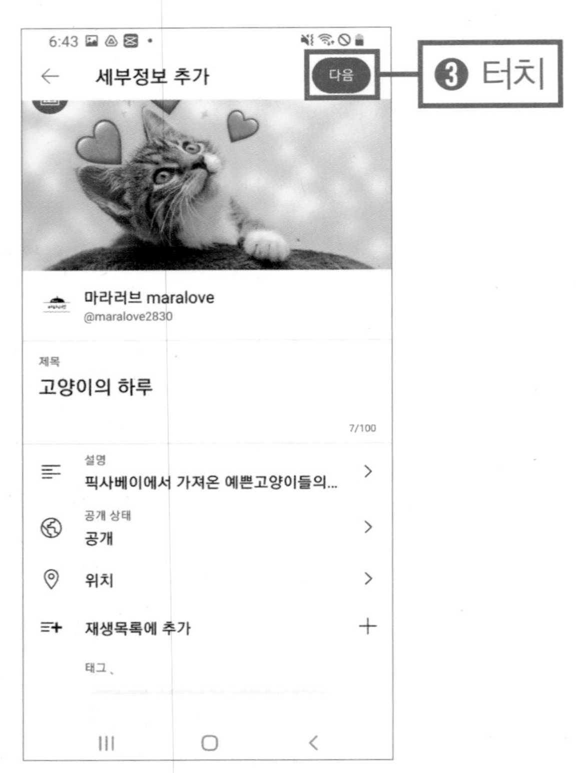

04 아래에 있는 [동영상 업로드]를 터치합니다. '내 동영상' 목록에 업로드한 동영상이 추가된 것을 확인할 수 있습니다.

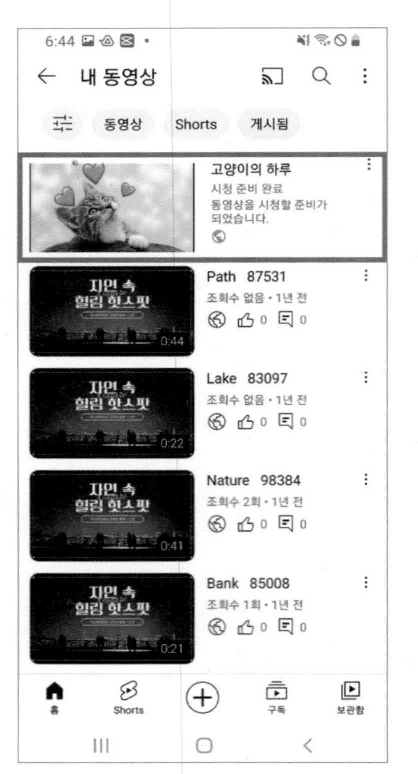

CHAPTER 17

컴퓨터로 채널 관리하기

POINT

채널의 주제나 방향을 정해 유튜브 채널을 관리하는 방법을 알아보도록 하겠습니다.

완성 화면 미리 보기

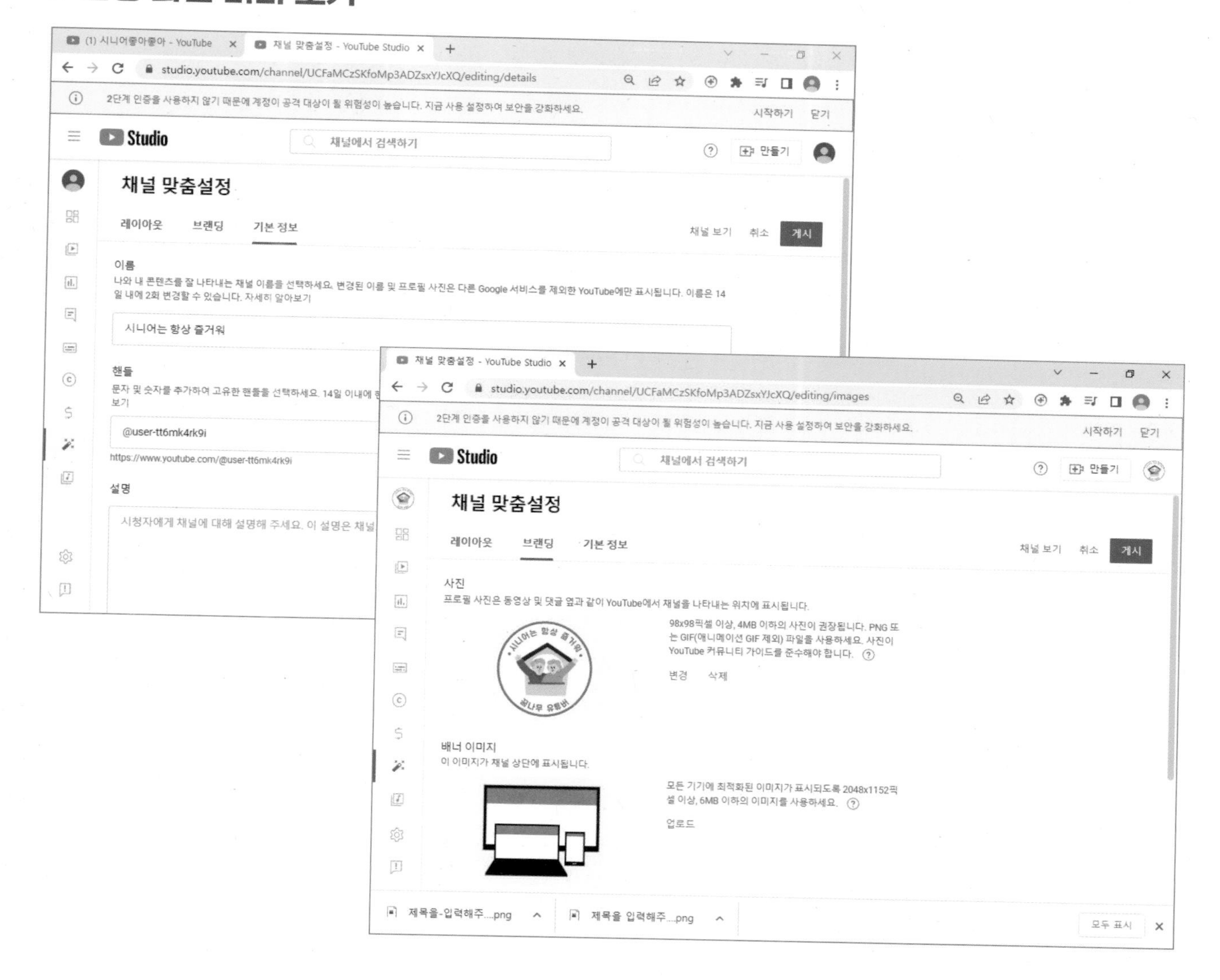

여기서 배워요!

채널 맞춤설정으로 채널명 변경하기, 채널 맞춤설정으로 프로필 사진 변경하기, 채널 맞춤설정으로 레이아웃 관리하기

STEP 01 채널 맞춤설정으로 채널명 변경하기

01 유튜브 홈 화면에서 [프로필]을 클릭한 후 [내 채널]을 클릭합니다.

02 [채널 맞춤설정]을 클릭합니다.

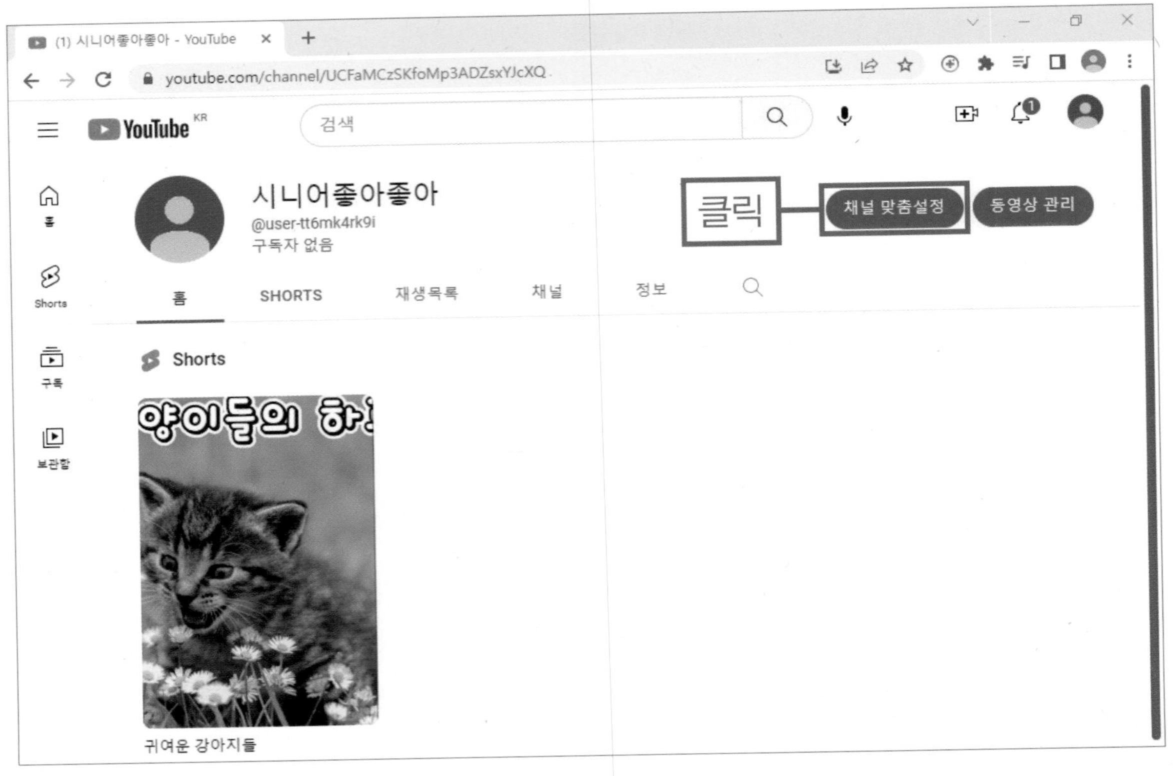

03 채널에 대한 정보가 담긴 [기본 정보] 탭을 클릭합니다. 현재 설정되어 있는 이름을 확인하고 변경하고 싶은 이름으로 작성합니다. 이후 [게시]를 클릭합니다.

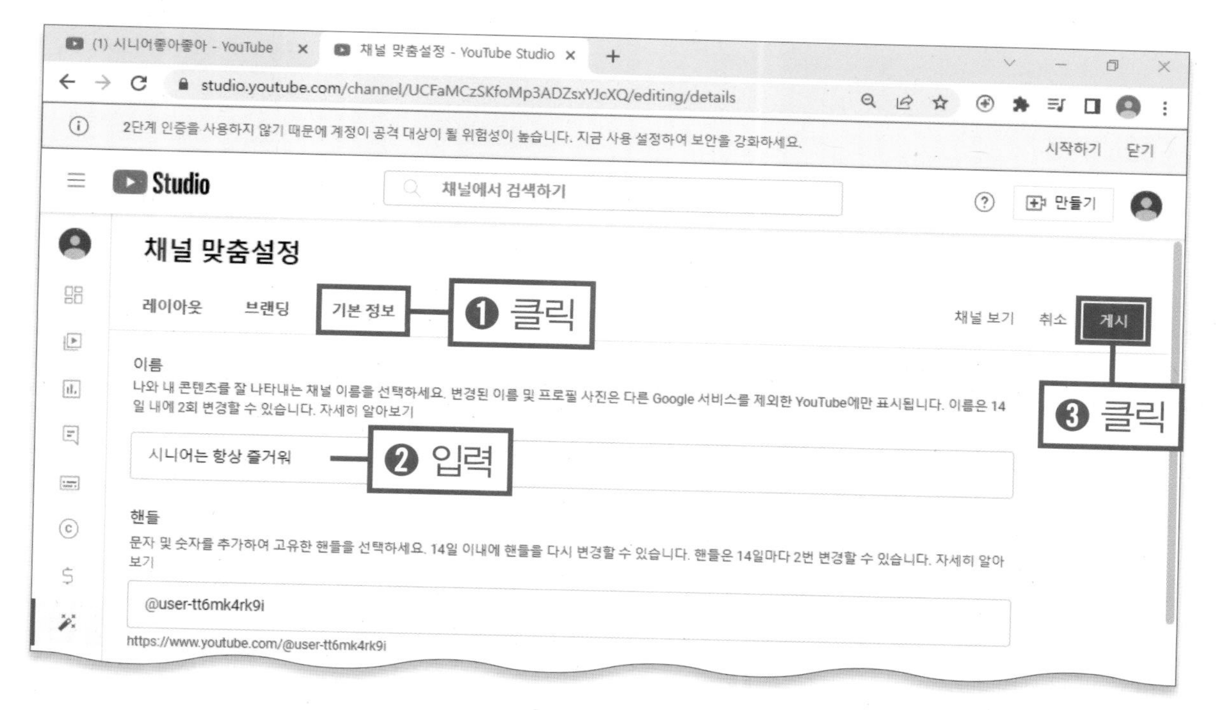

STEP 02 채널 맞춤설정으로 프로필 사진 변경하기

01 [브랜딩] 탭을 클릭하고 '사진' 항목에서 [업로드]를 클릭합니다.

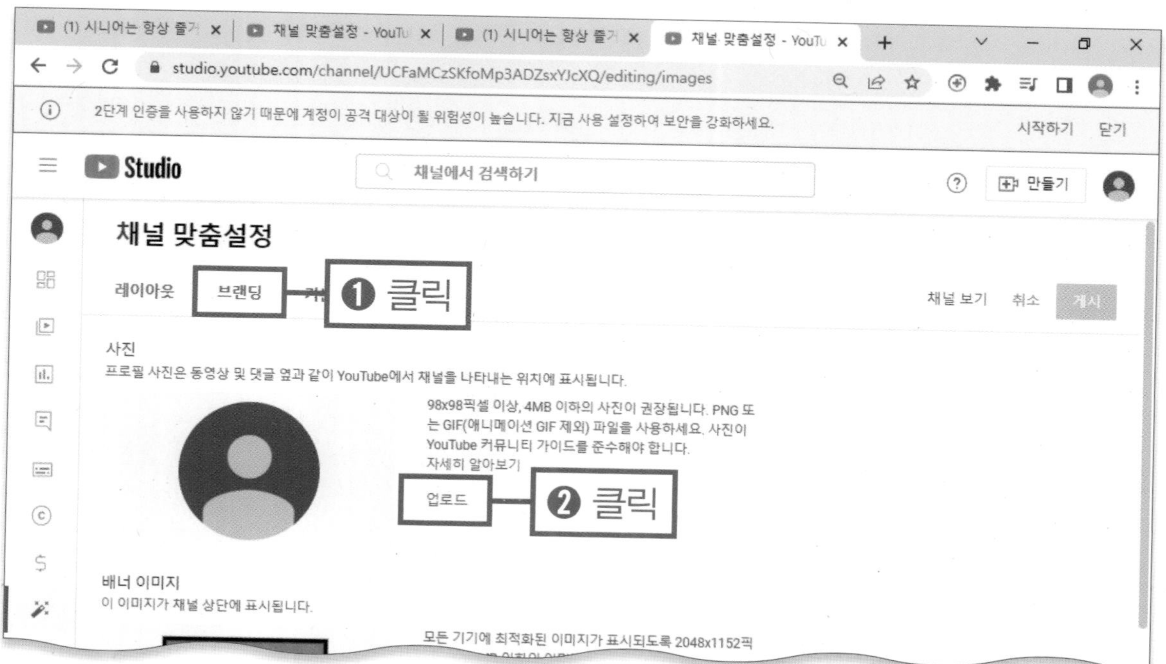

02 이미지가 저장된 폴더에서 원하는 프로필 이미지를 선택하고 [열기]를 클릭합니다.

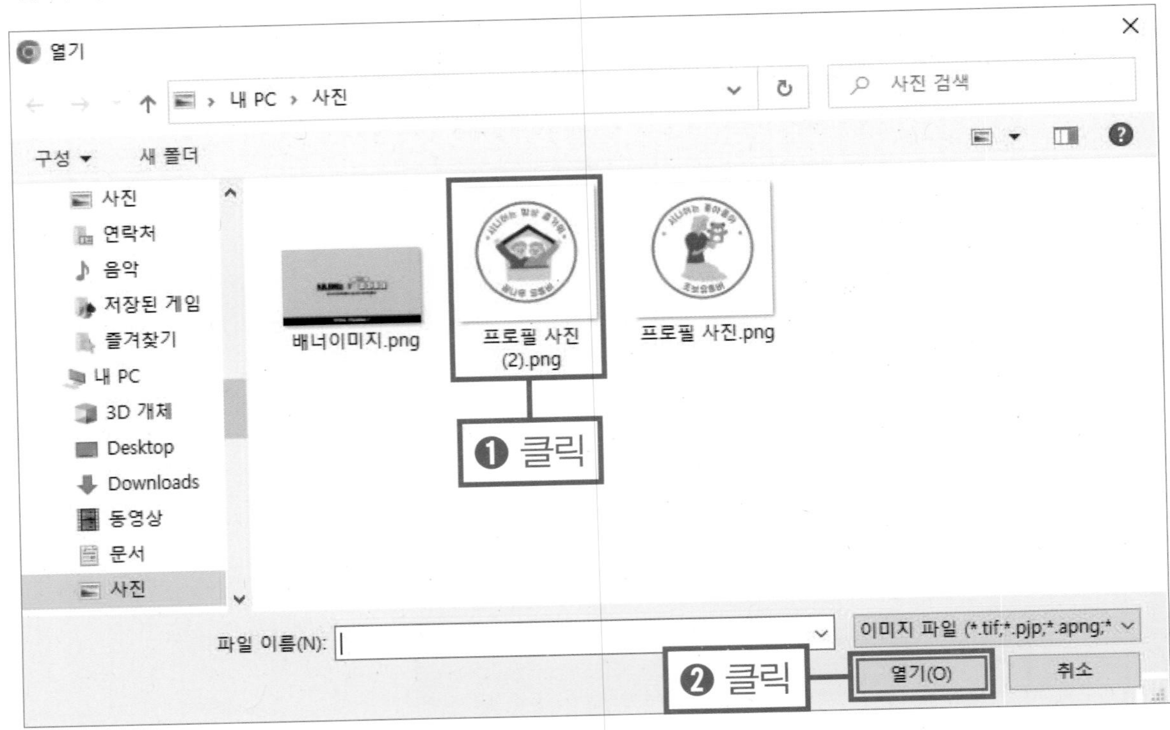

03 '사진 맞춤설정' 화면에서 빈 공간 없이 사이즈를 조절한 다음 [완료]를 클릭합니다.

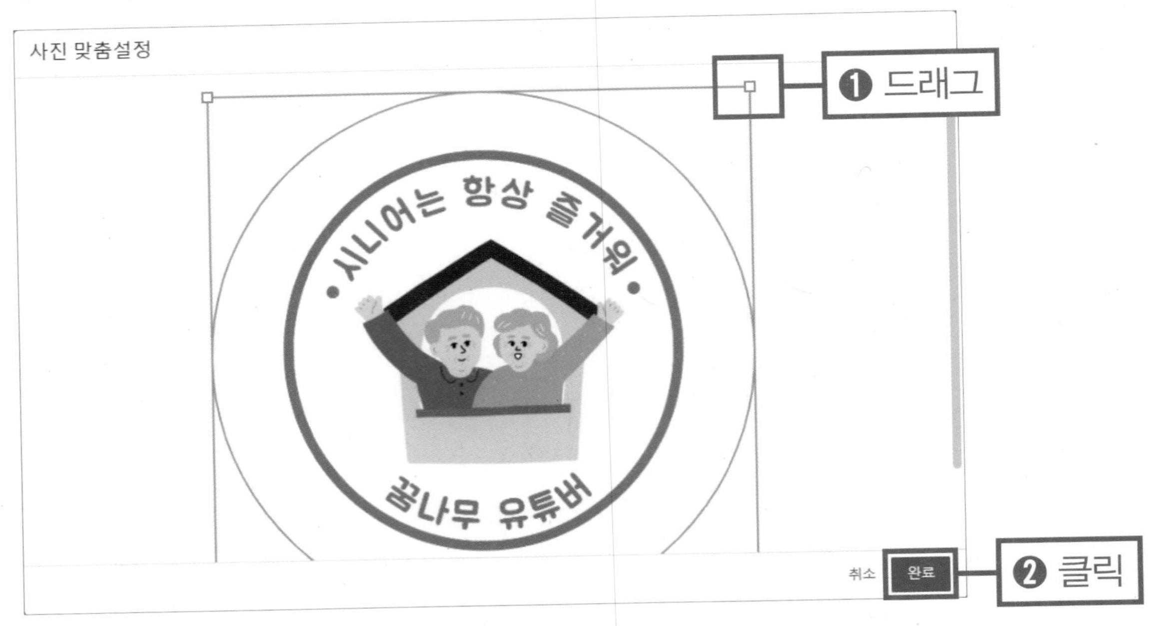

STEP 03 채널 맞춤설정으로 레이아웃 관리하기

01 이번에는 [레이아웃] 탭을 클릭합니다. '비구독자 대상 채널 트레일러' 메뉴의 [추가]를 클릭합니다.

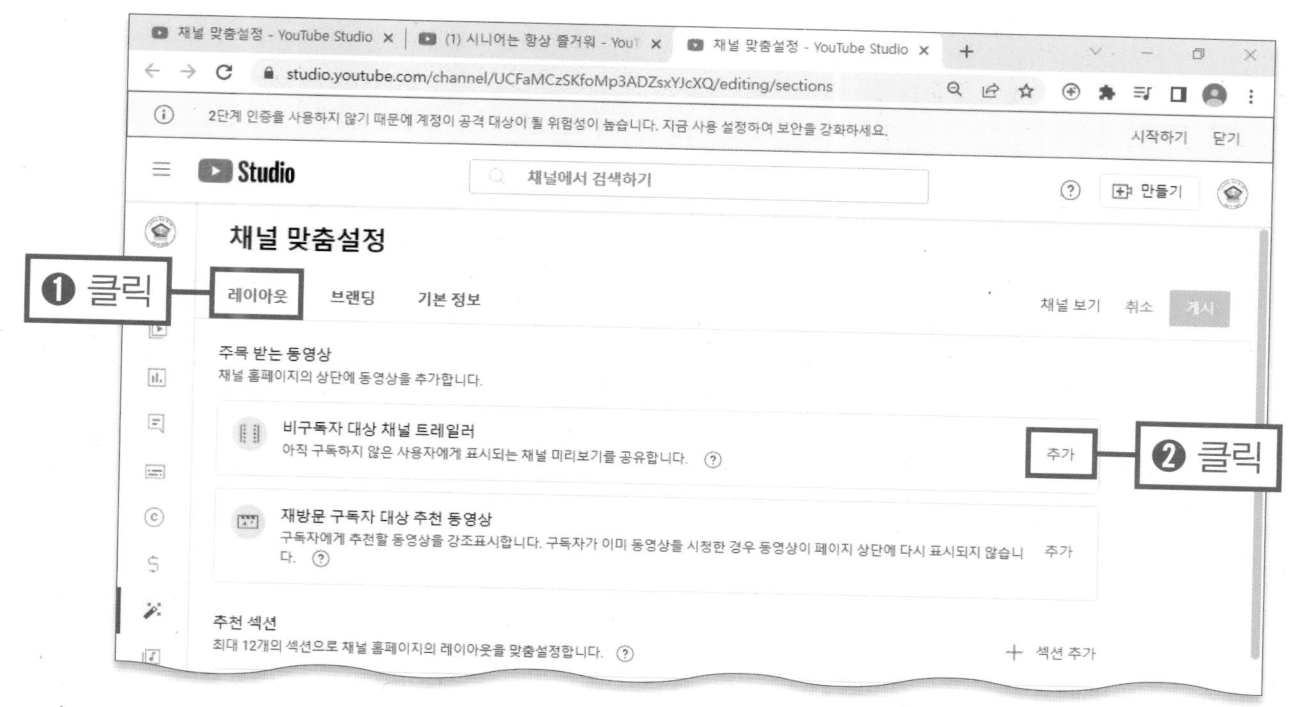

조금 더 배우기

비구독자들에게 소개를 위한 영상을 추가해서 보여주는 영역을 비구독자 대상 트레일러라고 합니다.

02 업로드된 동영상 중에서 하나를 선택합니다.

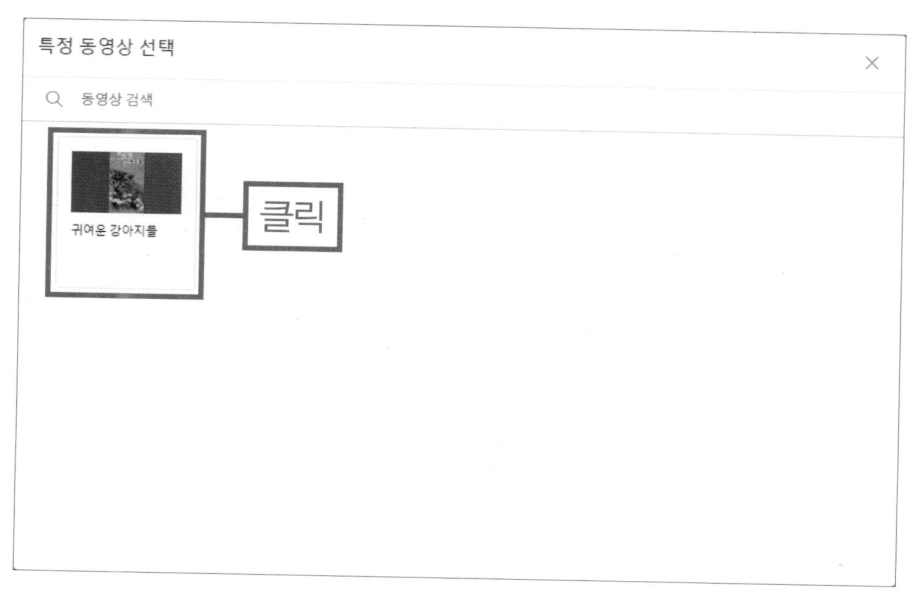

03 선택한 동영상이 추가됩니다. [게시]를 클릭합니다.

STEP 04 미리캔버스 사이트에서 유튜브 채널 아트 만들기

01 네이버 검색란에 '미리캔버스'를 입력한 후 Enter 를 누릅니다. [디자인 플랫폼 미리캔버스]를 클릭합니다.

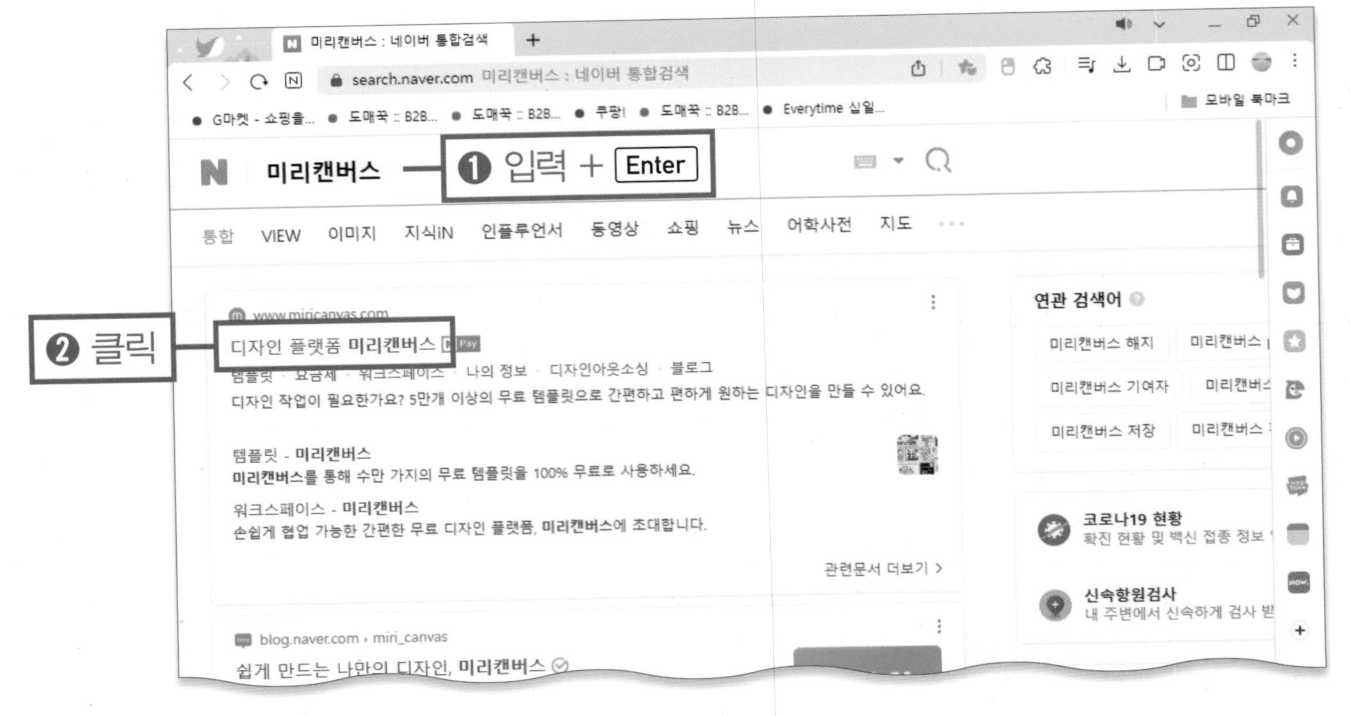

02 '미리캔버스' 메인 화면이 나타나면 [바로 시작하기]를 클릭합니다.

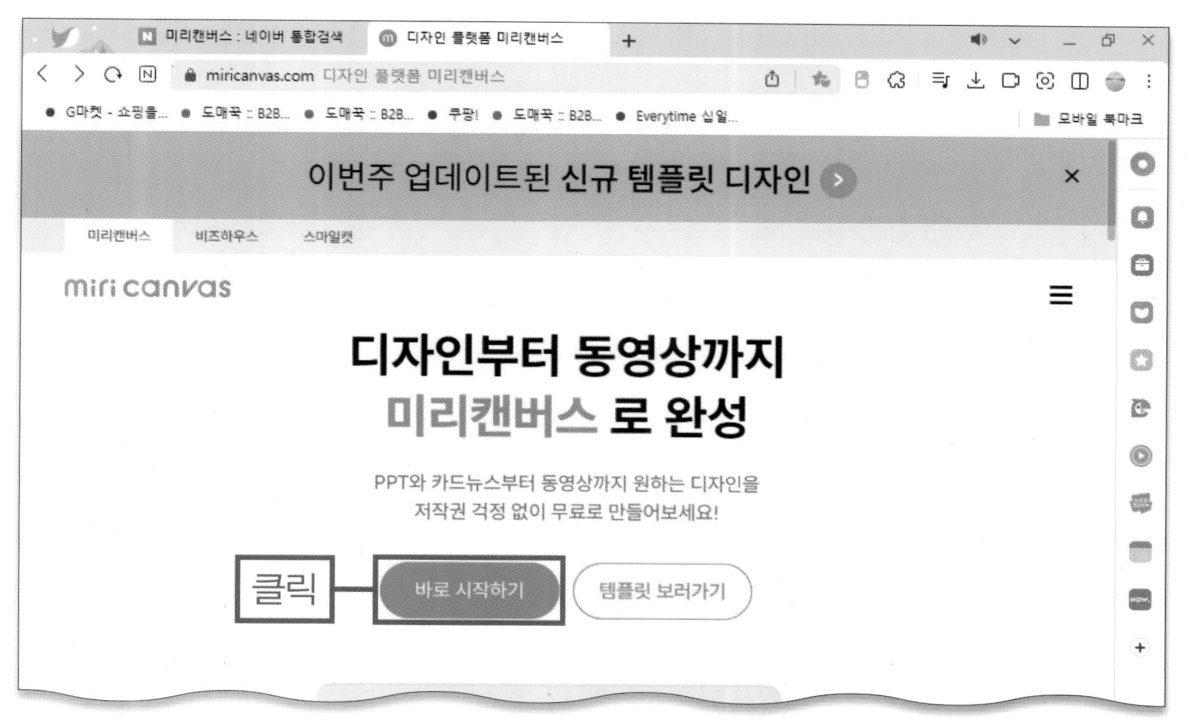

03 상단의 [모든 템플릿]-[유튜브]를 차례대로 클릭한 후 [채널 아트]를 클릭합니다.

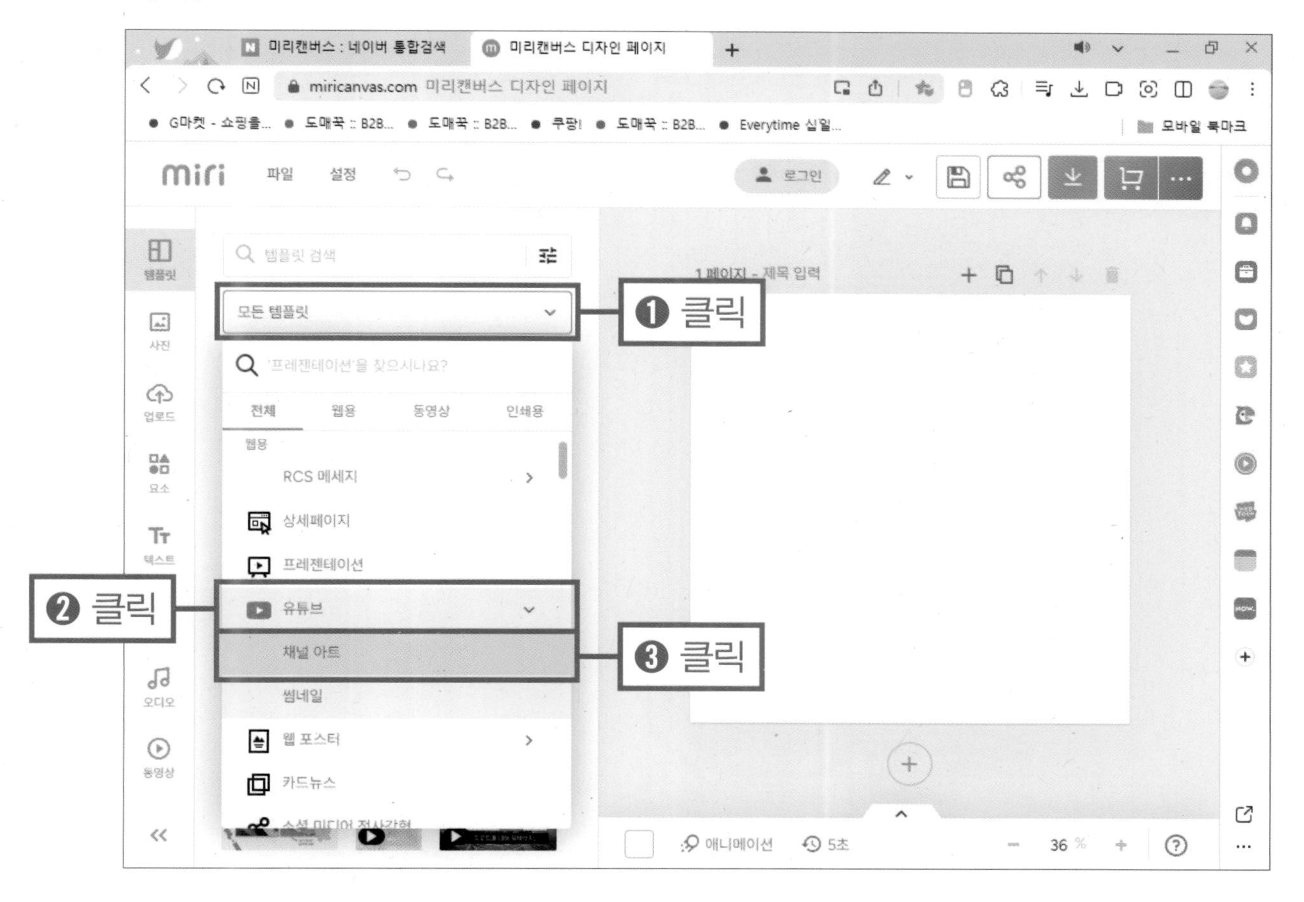

04 '유튜브 채널 아트' 목록이 나타나면 그중에서 원하는 것을 선택해서 클릭합니다.

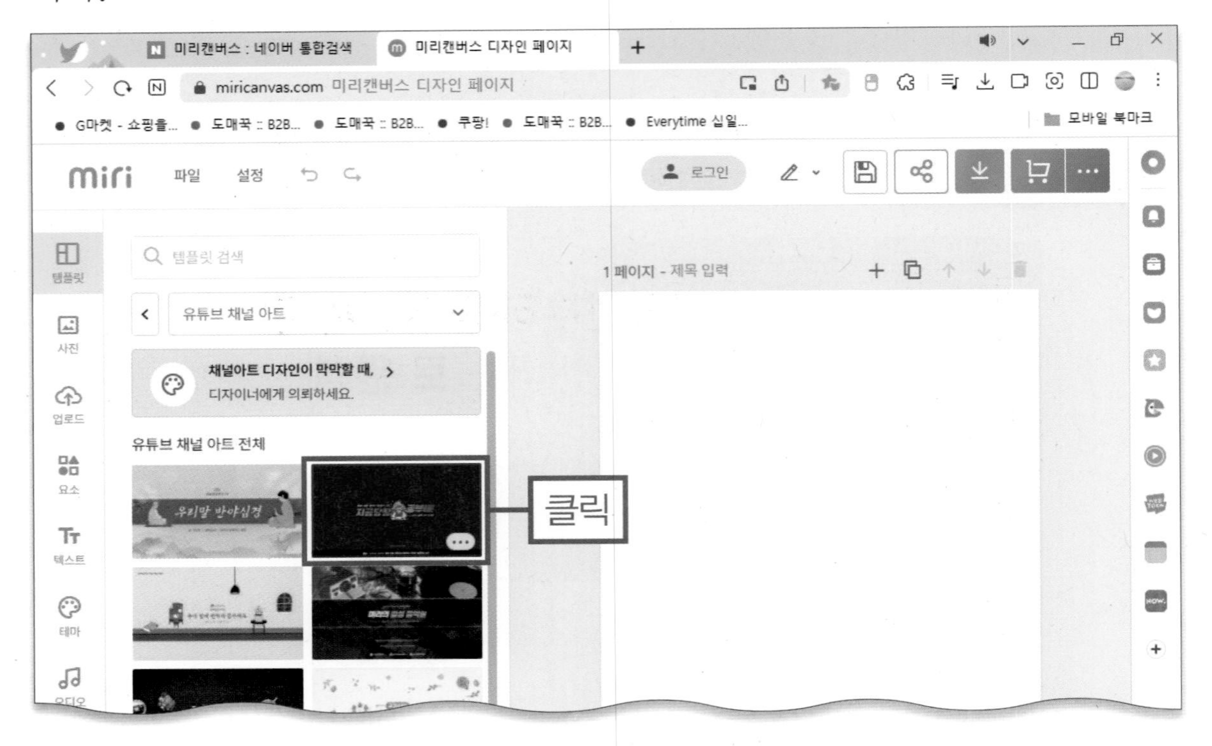

조금 더 배우기

템플릿 중에서 왕관이 붙어 있는 템플릿은 유료입니다.

05 오른쪽 '디자인 적용 방식 선택' 메시지가 나타나면 [또는, 선택한 페이지 사이즈로 적용]을 클릭합니다.

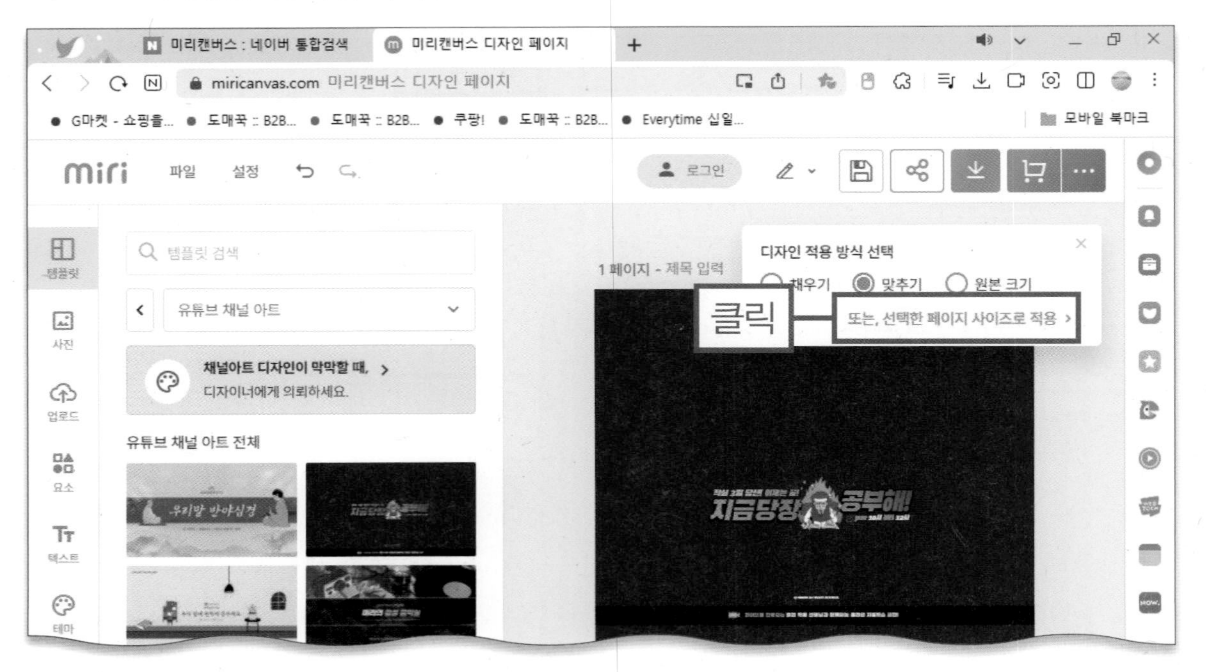

06 채널 아트 디자인 제목 글자를 더블 클릭하여 원하는 내용을 입력합니다. 여기서는 '시니어는'이라고 입력했습니다. 각각의 텍스트 상자를 더블 클릭하여 내용을 입력합니다. 여기서는 추가로 '좋아', '시니어는 좋아좋아'라고 입력했습니다.

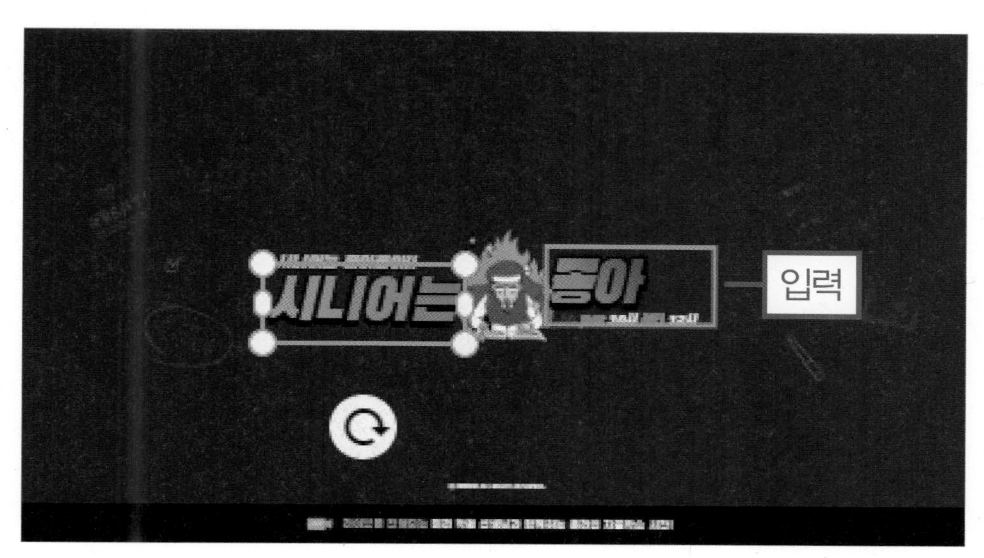

07 채널 아트의 중간에 있는 그림을 선택한 후 Delete를 누릅니다. 왼쪽 메뉴에서 [요소]를 클릭한 후 검색란에 '시니어'를 입력하여 검색합니다.

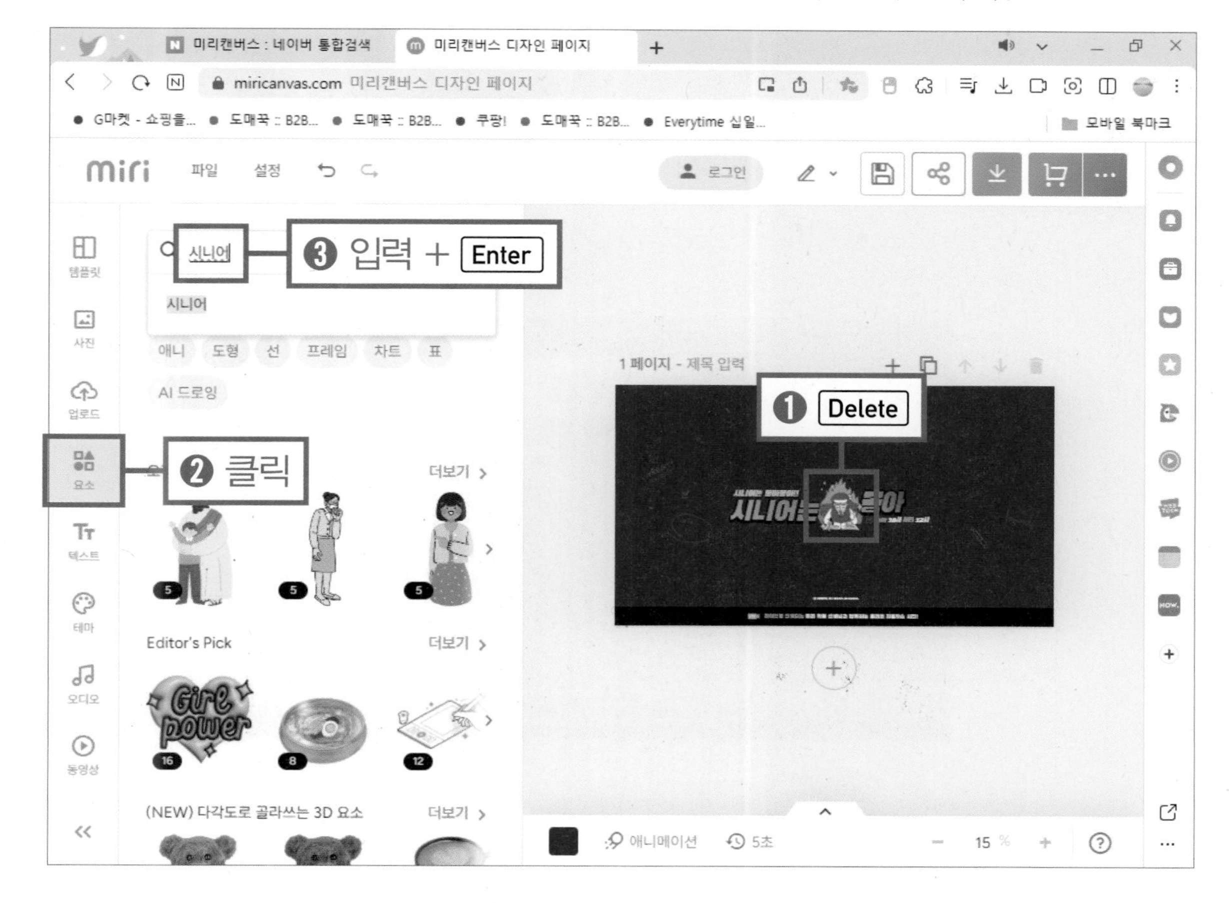

08 원하는 이미지를 선택합니다.

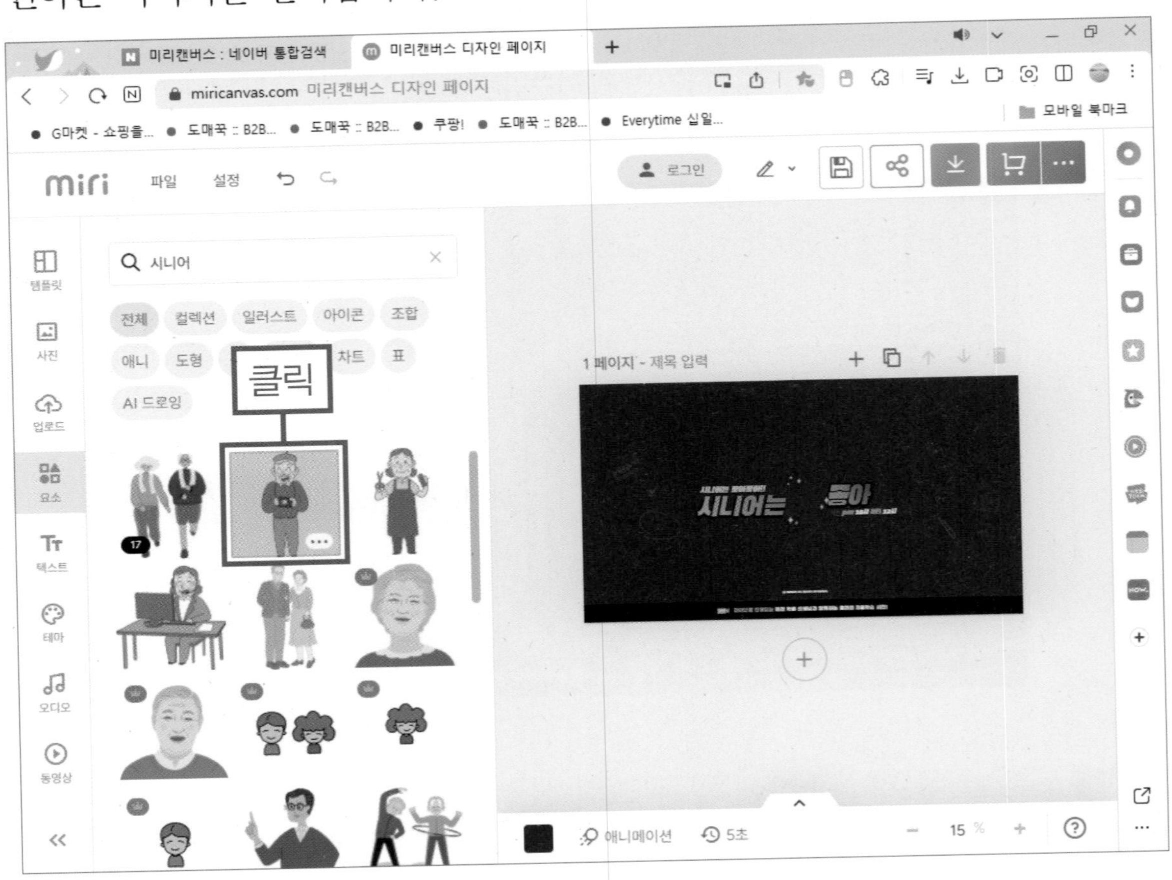

09 채널 아트 중간에 들어간 이미지의 조절점을 이용해서 크기 조절 및 이동하여 원하는 위치에 맞춰줍니다.

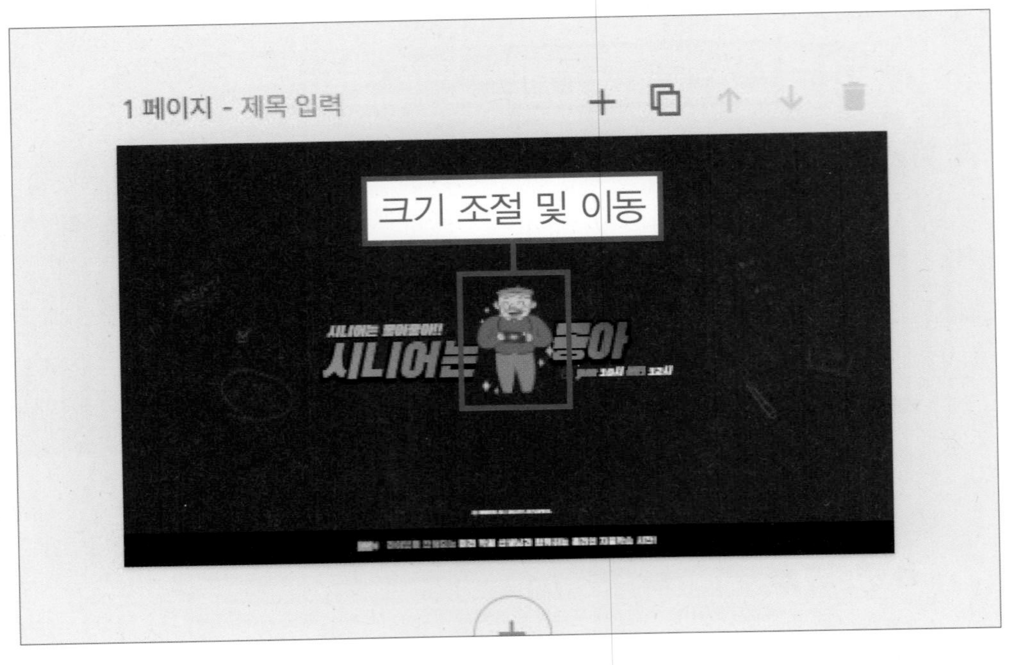

10 완성된 채널 아트를 저장하기 위해 오른쪽 상단의 [다운로드](⤓)를 클릭한 후 [고해상도 다운로드]를 클릭합니다.

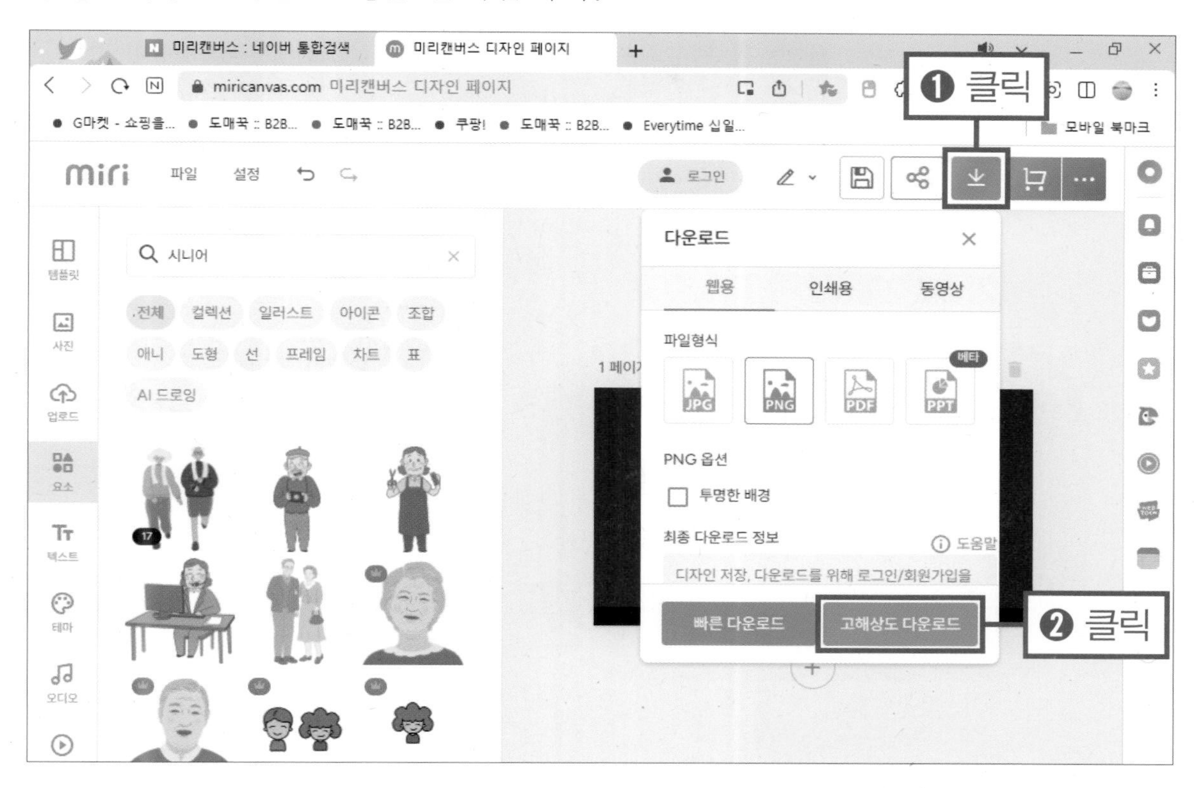

11 로그인 창이 나타납니다. 가입을 하기 위해 [구글](G) 아이콘을 클릭합니다. 구글 아이디를 입력한 후 [다음]을 클릭합니다.

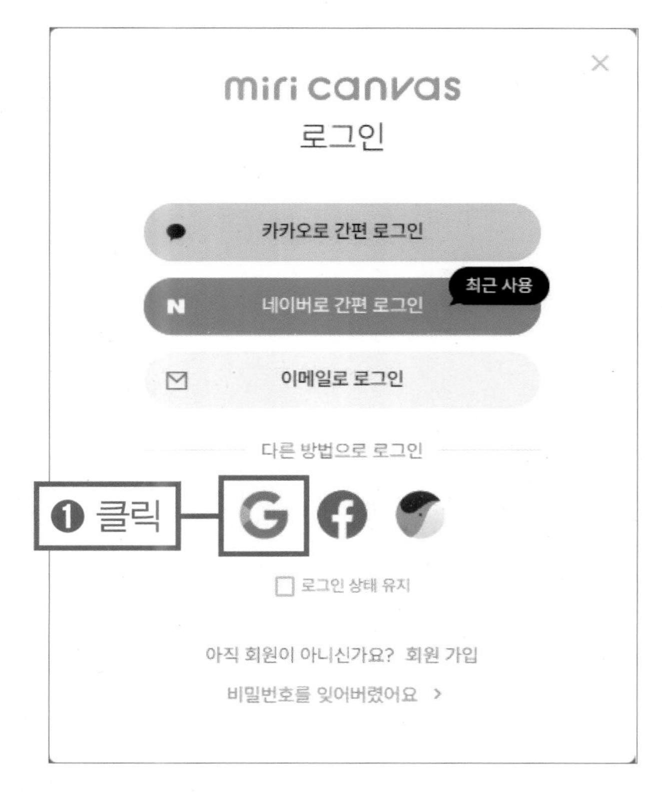

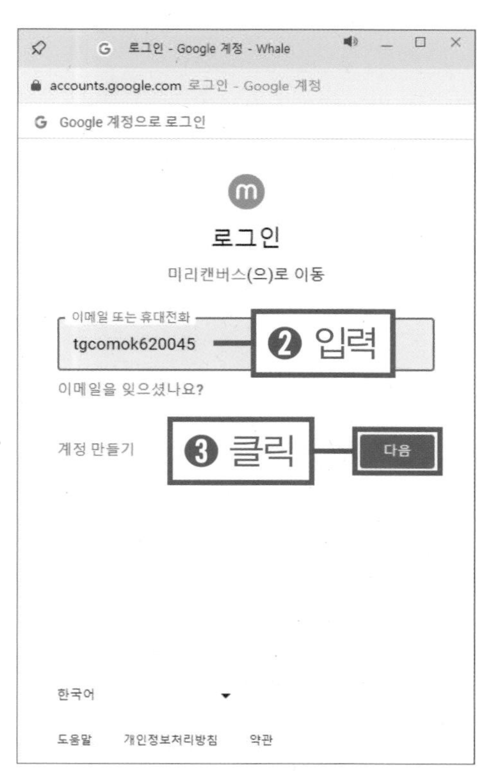

12 구글의 비밀번호를 입력한 후 [다음]을 클릭합니다. '소셜 계정으로 가입' 화면이 나타나면 [모두 동의합니다.]-[가입하기]를 차례대로 클릭합니다.

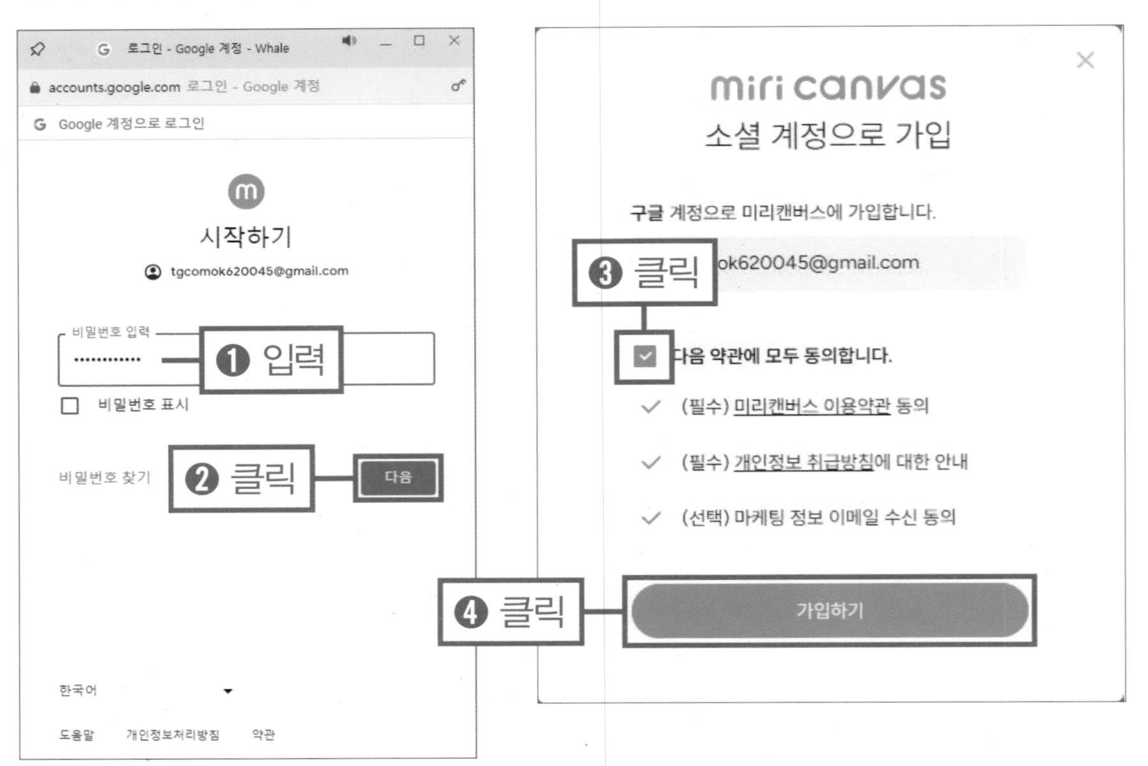

13 '로그인 유지' 화면에서 [로그인 유지하기]를 클릭합니다. '작품을 만드는 중' 화면이 나타납니다.

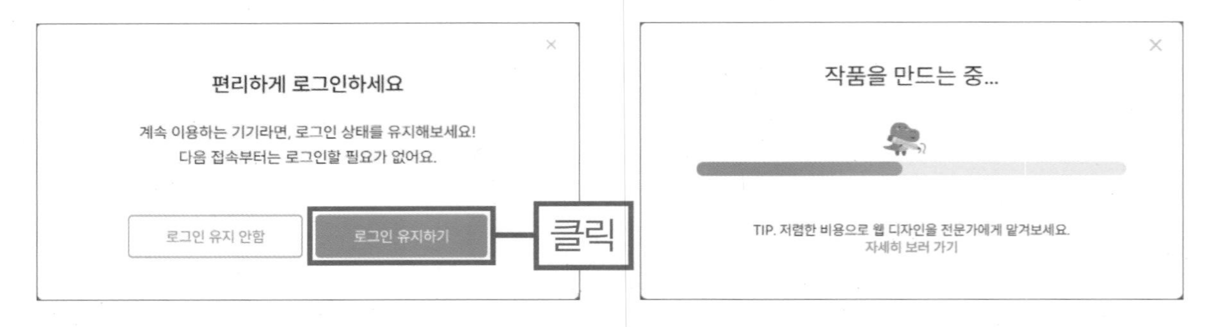

조금 더 배우기

- **로그인 유지 안함** : 다른 사람과 같이 사용하는 컴퓨터에서 미리캔버스에 로그인하여 이용한 후 자동 로그아웃하기 위한 방법입니다.
- **로그인 유지하기** : 혼자 사용하는 컴퓨터에서 미리캔버스를 빠르고 편리하게 사용하기 위한 방법입니다.

14 작품이 만들어지고 나면 다운로드를 클릭한 다음 왼쪽 하단에서 저장된 파일 목록을 확인합니다.

15 저장된 파일은 '다운로드' 폴더에서 확인할 수 있습니다.

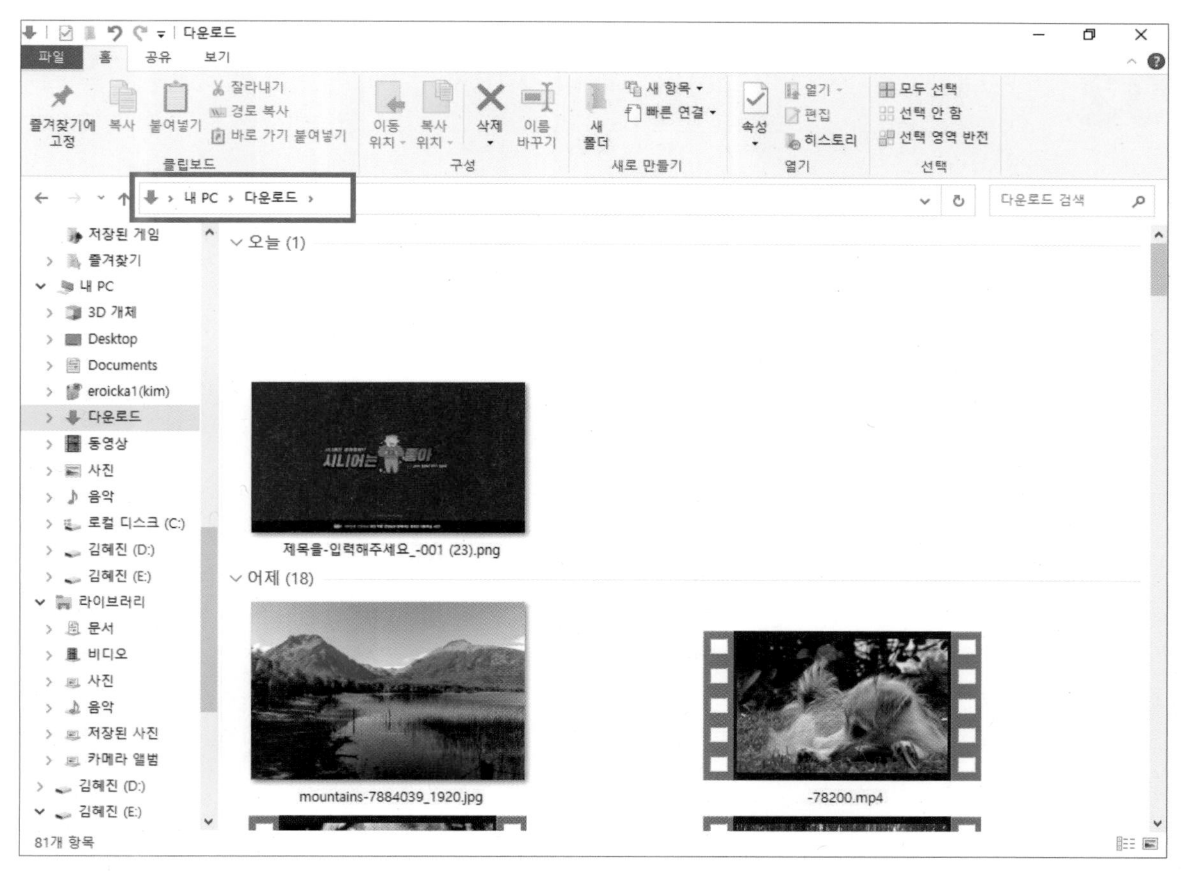

STEP 05 직접 만든 채널 아트 업로드하기

01 유튜브 사이트에 접속한 후 로그인합니다. [내 채널]로 들어간 후 [채널 맞춤설정]을 클릭합니다.

02 [브랜딩] 탭을 클릭합니다. '배너 이미지' 항목에서 [업로드]를 클릭합니다.

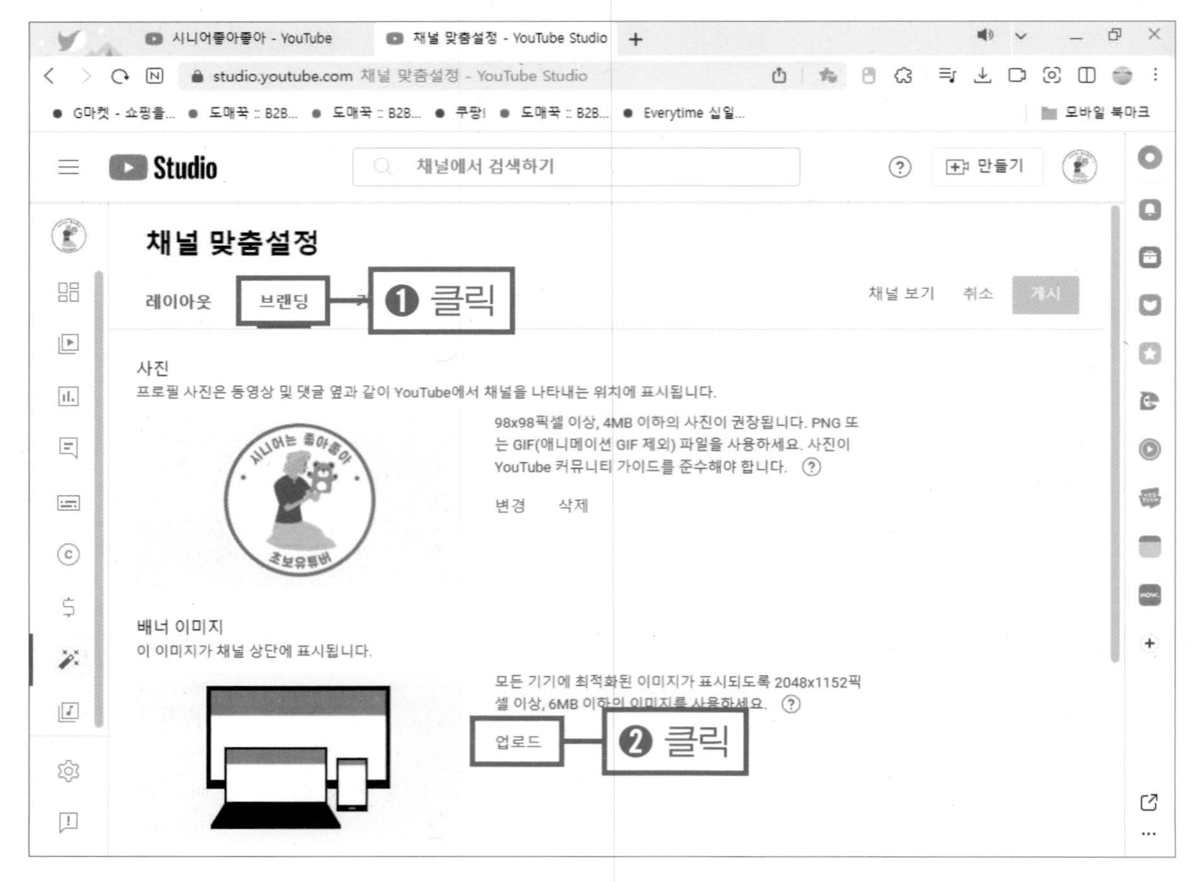

03 채널 아트 이미지가 저장된 폴더에서 배너 이미지를 선택하고 [열기]를 클릭합니다.

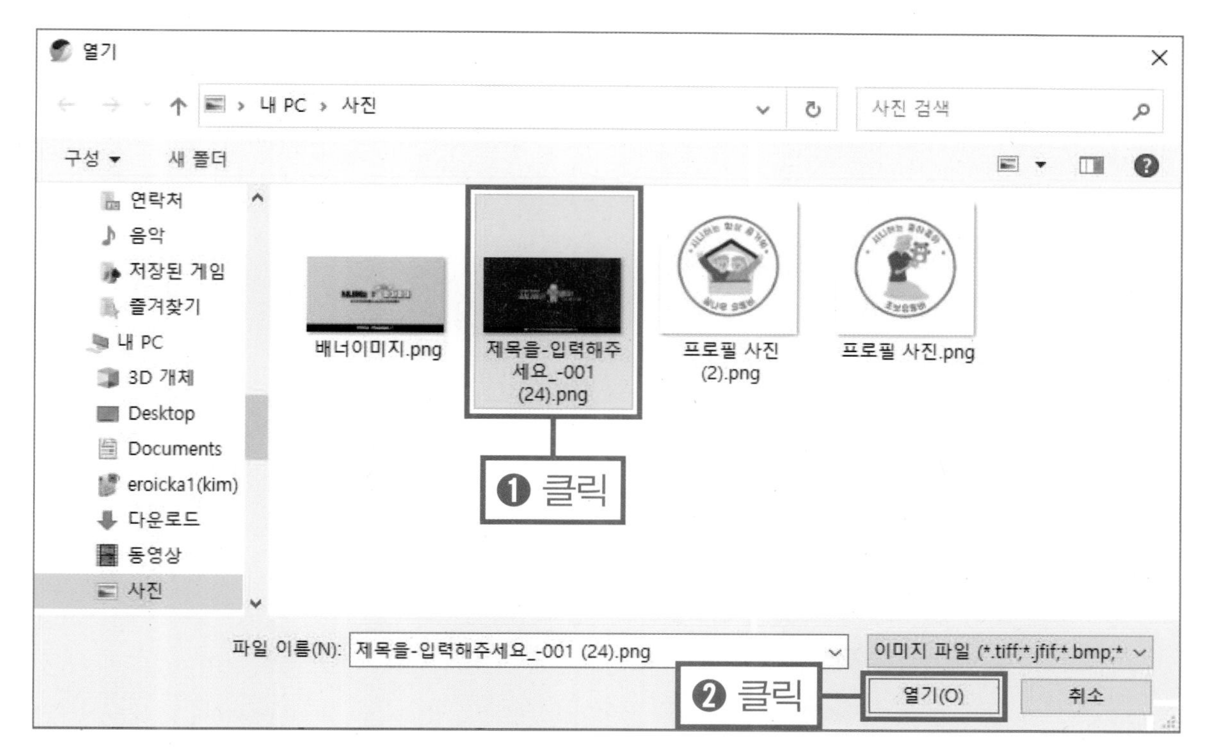

04 '배너 아트 맞춤설정' 화면에서 [완료]를 클릭합니다.

05 유튜브 채널에 올리기 위해 [게시]를 클릭합니다.

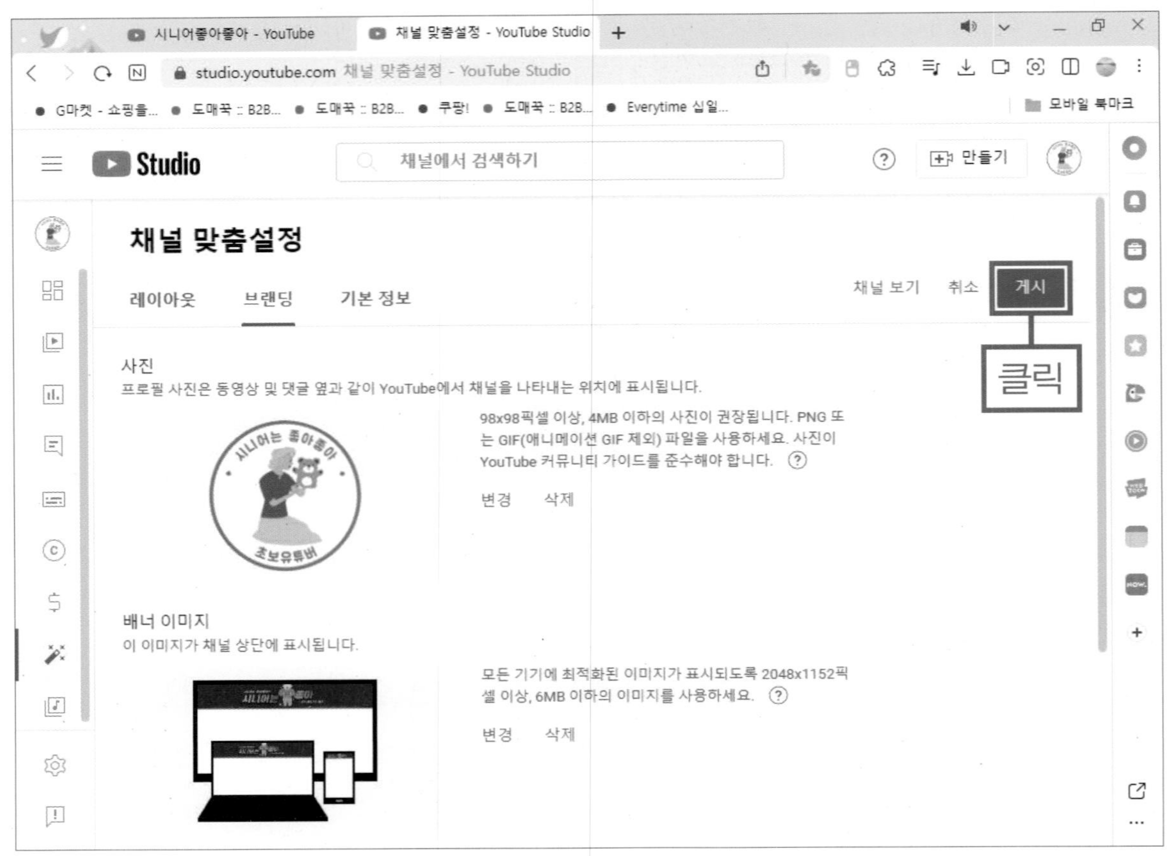

CHAPTER 18

컴퓨터로 동영상 관리하기

POINT

영상 정보를 변경하거나 삭제하는 등 유튜브 채널에 올린 영상을 관리하는 방법을 알아봅니다.

완성 화면 미리 보기

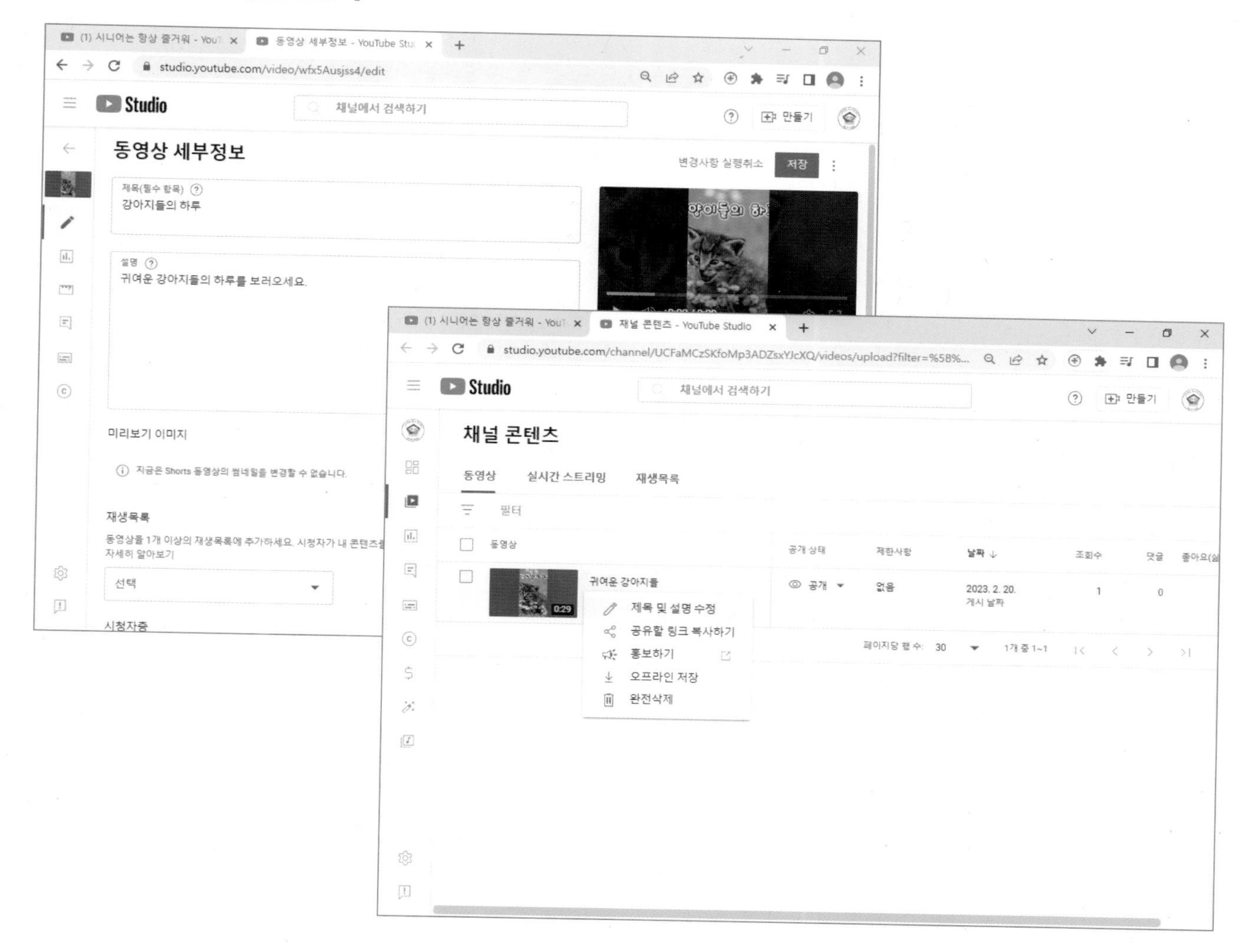

여기서 배워요!

동영상 관리하기로 영상 정보 변경하기, 동영상 관리하기로 영상 삭제하기, 동영상 관리하기로 영상 저장하기

STEP 01 동영상 관리하기로 영상 정보 변경하기

01 유튜브 홈 화면에서 [프로필]-[내 채널]을 차례대로 클릭합니다. [동영상 관리]를 클릭합니다.

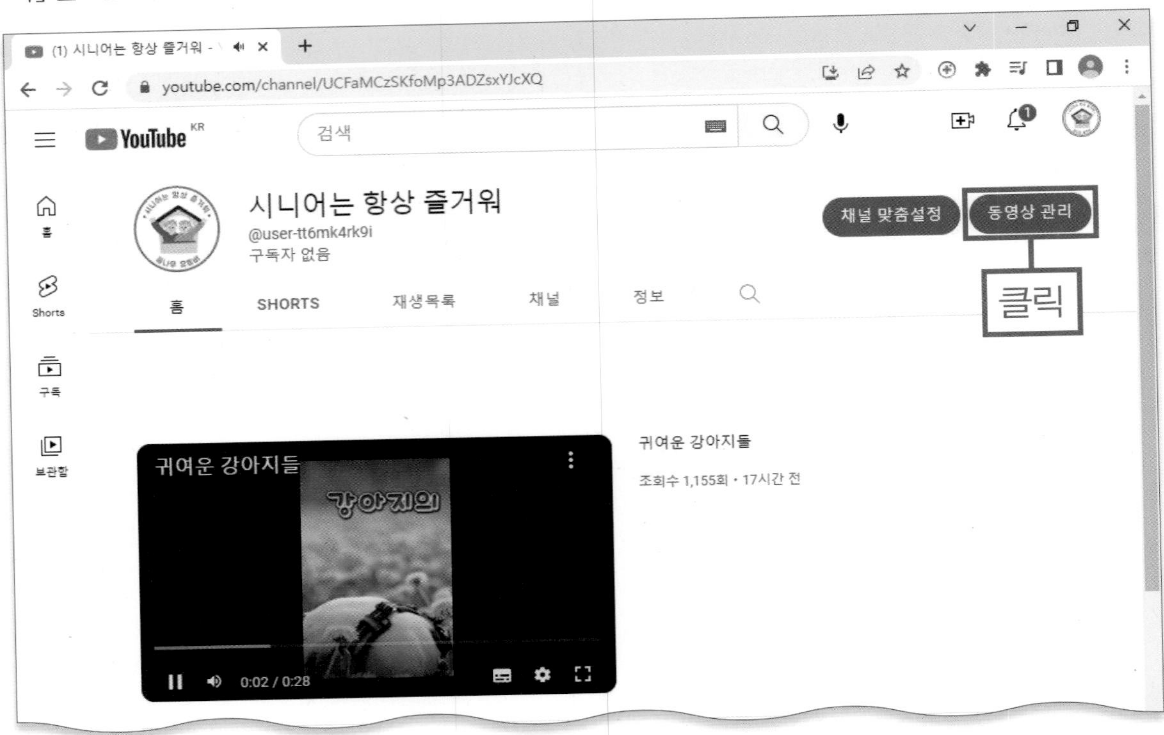

02 정보를 변경할 영상 위에 마우스 포인터를 올려놓으면 다양한 메뉴가 나타납니다. 그중 [세부정보](✎) 버튼을 클릭합니다.

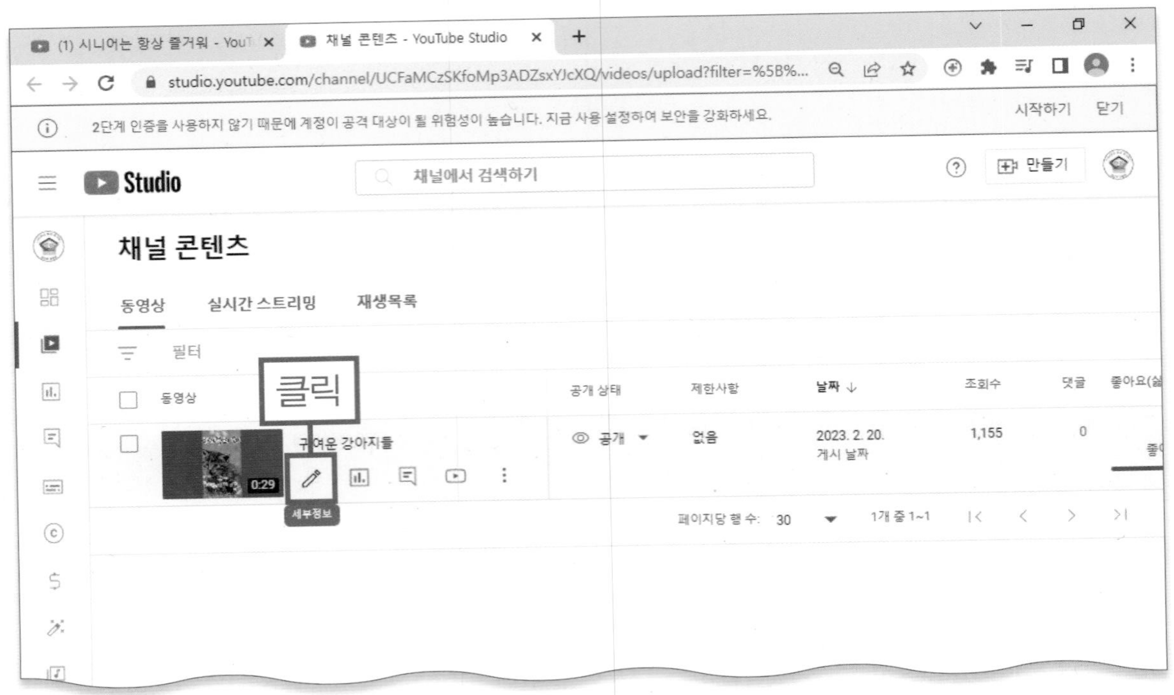

03 동영상에 대한 '제목'과 '설명'을 변경한 후 [저장]을 클릭합니다.

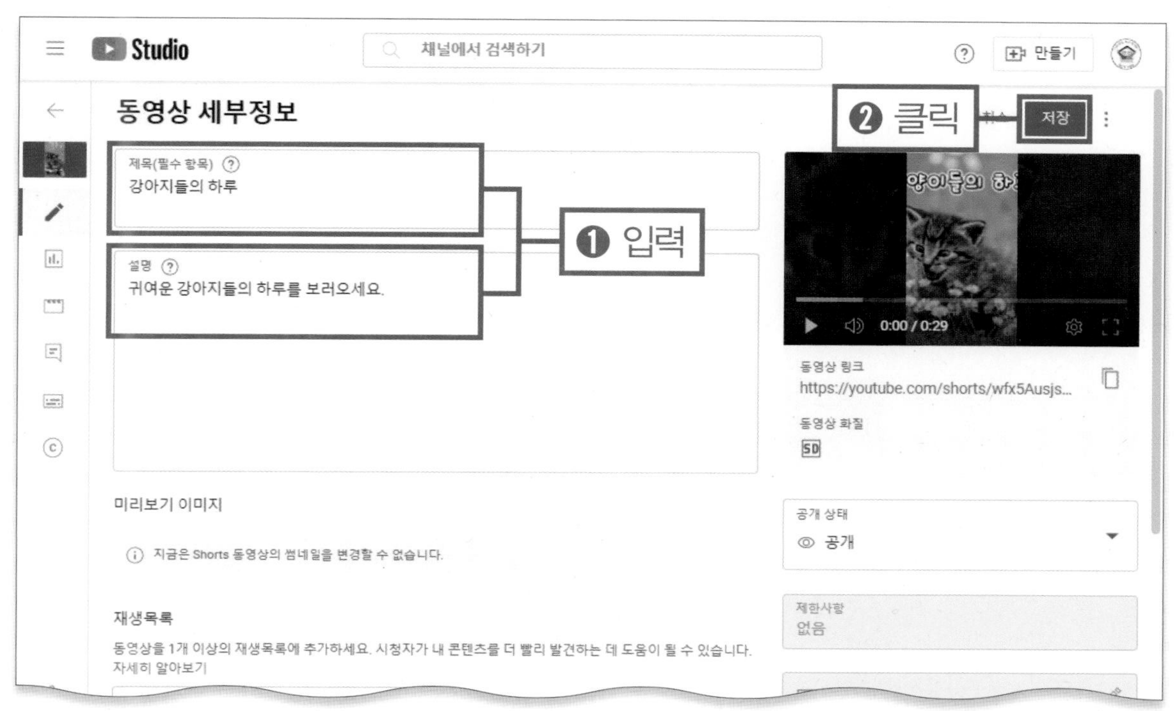

STEP 02 동영상 관리하기로 영상 삭제하기

01 '채널 콘텐츠' 화면에서 [옵션]을 클릭합니다.

02 옵션 메뉴에서 [완전삭제]를 클릭합니다.

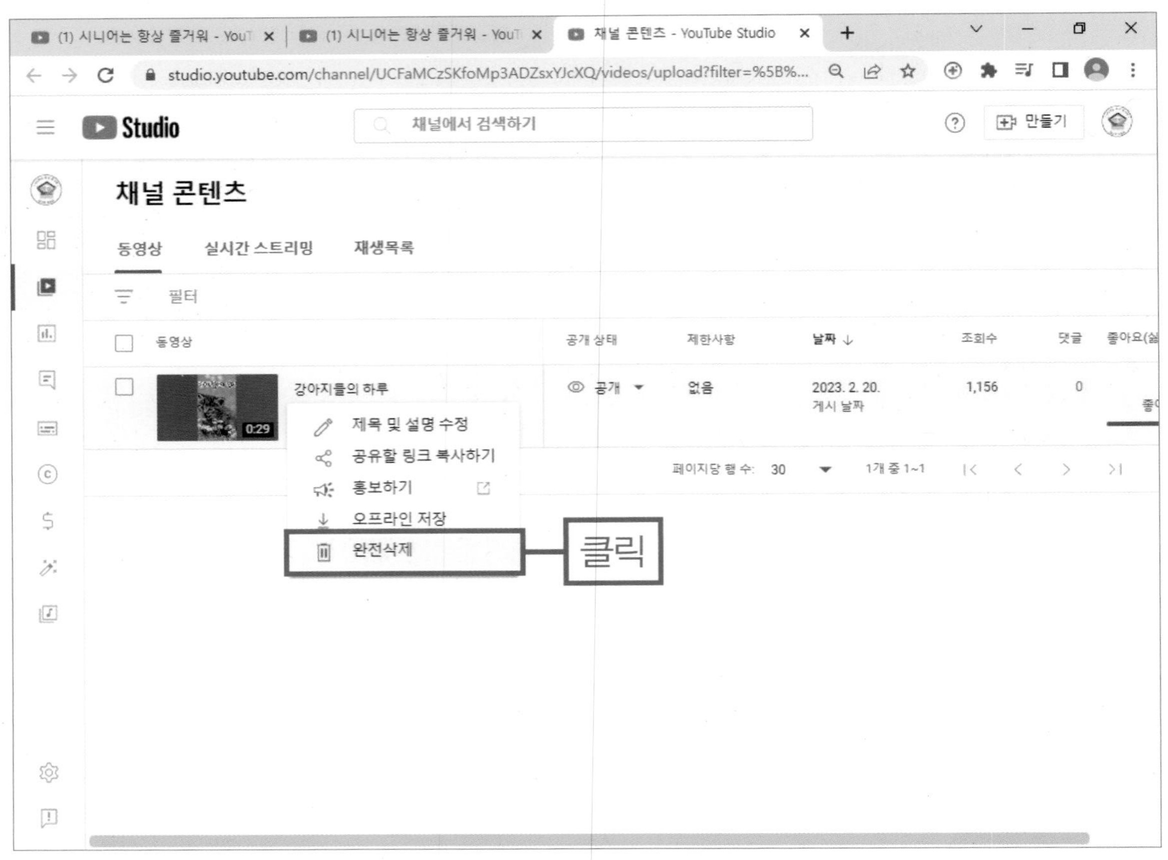

03 '이 동영상을 완전히 삭제하시겠습니까?' 메시지가 나타나면 [삭제된 동영상은 되돌릴 수 없음을 알고 있습니다.]를 클릭해 체크한 후 [완전삭제]를 클릭합니다.

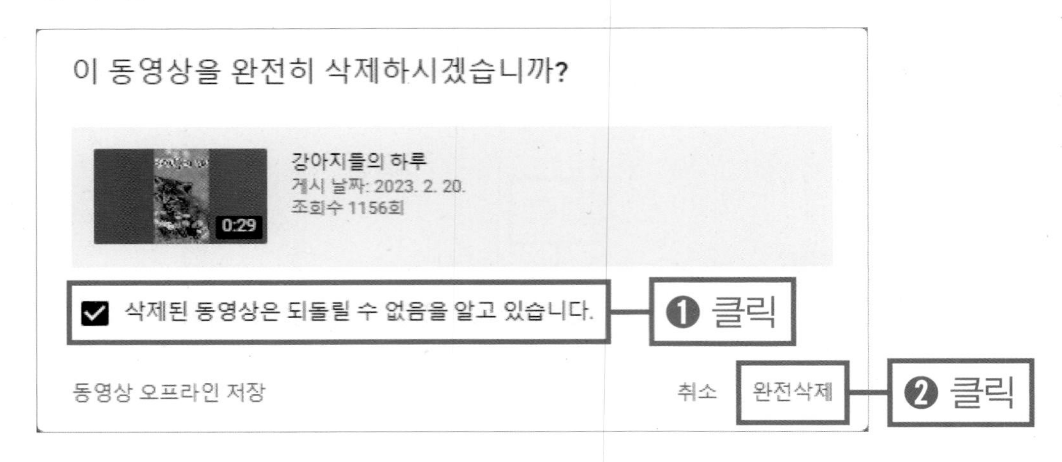

STEP 03 동영상 관리하기로 영상 저장하기

01 '채널 콘텐츠' 화면에서 [옵션]을 클릭한 후 [오프라인 저장]을 클릭합니다.

02 저장된 파일은 [내 PC]의 [다운로드] 폴더에서 확인할 수 있습니다.

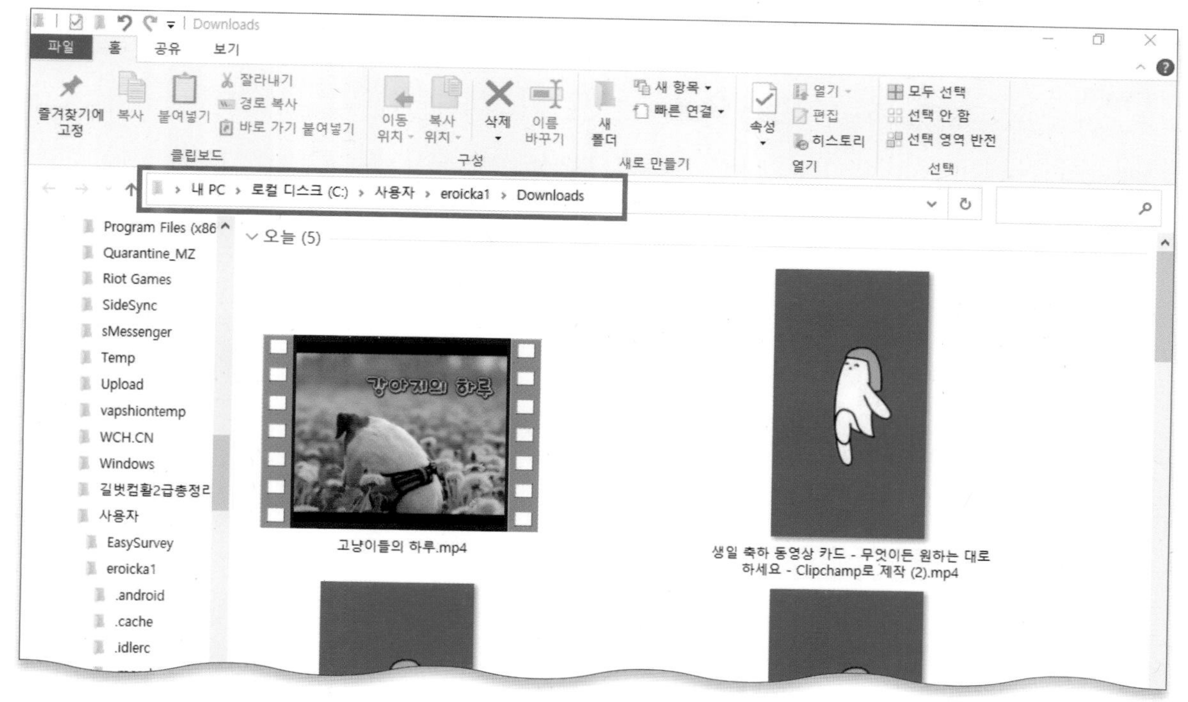

조금 더 배우기

'다른 이름으로 저장' 창이 나타나면 경로를 지정한 후 [저장]을 클릭합니다.

CHAPTER 19

스마트폰에서 유튜브 앱으로 채널 관리하기

POINT

스마트폰의 유튜브 앱을 이용하면 빠르고 간편하게 유튜브 채널을 운영할 수 있습니다. 여기서는 유튜브 앱으로 채널을 관리하는 방법을 배웁니다.

▌완성 화면 미리 보기

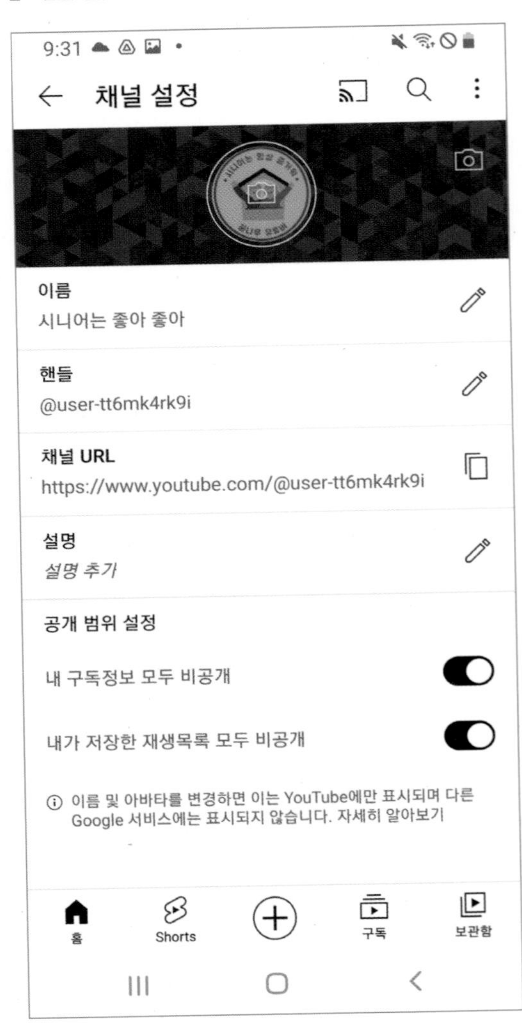

▌여기서 배워요!

채널 이름 변경하기, 채널 핸들 변경하기, 채널 설명 및 채널 공개 범위 설정 변경하기

STEP 01 채널 이름 변경하기

01 자신의 스마트폰에서 [YouTube] 앱을 실행합니다. 오른쪽 위의 [프로필]을 터치한 후 [내 채널]을 터치합니다.

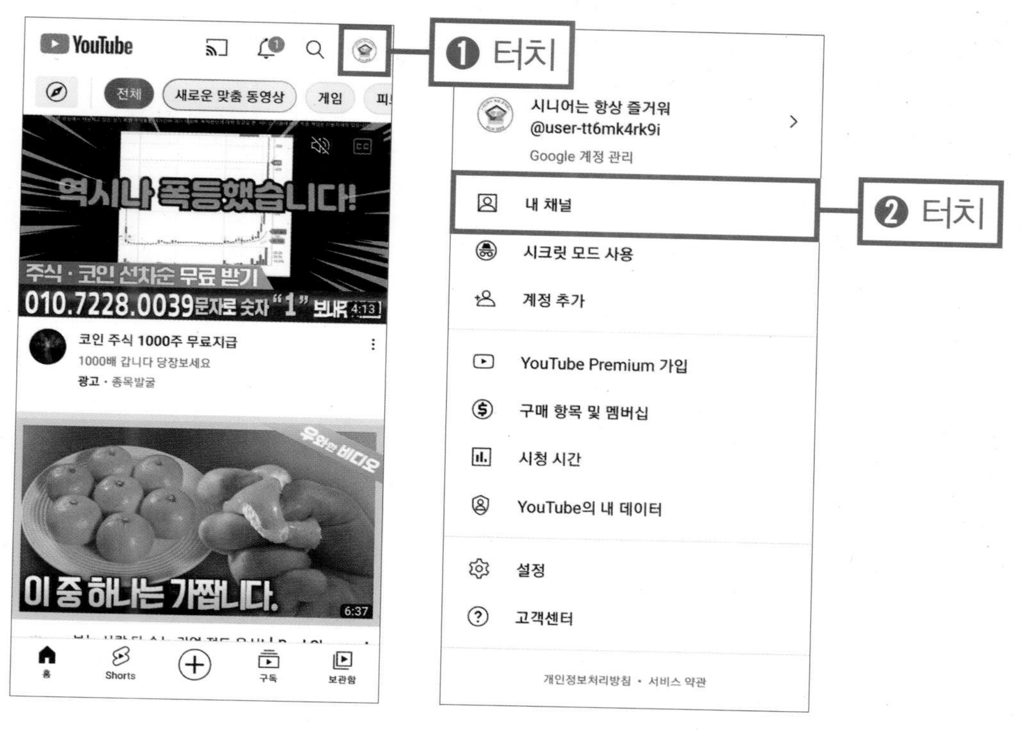

02 [세부정보](✎) 버튼을 터치하면 '채널 설정' 화면이 나타납니다. '이름'의 [세부정보](✎)를 터치합니다.

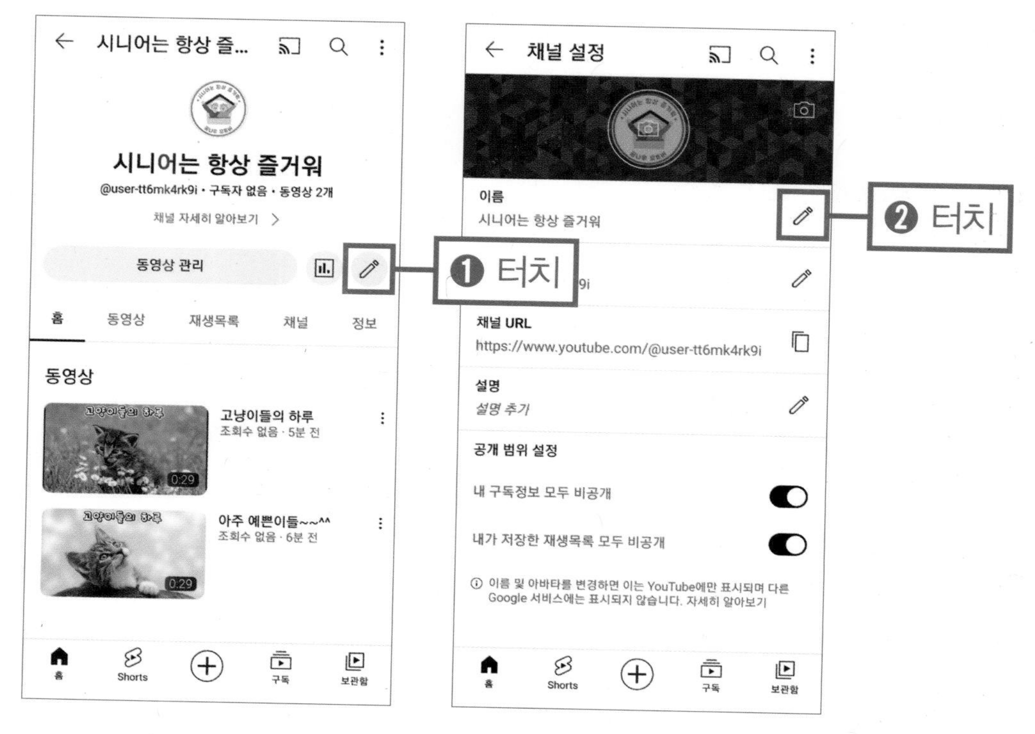

03 기존의 채널 [이름]을 터치하여 다른 이름으로 변경한 다음 [저장]을 터치합니다.

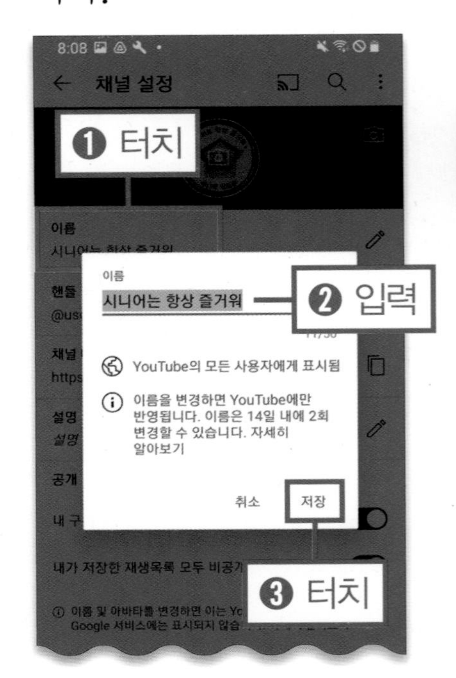

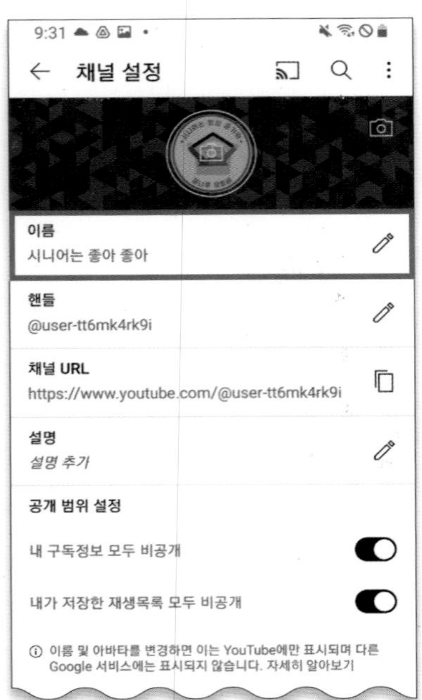

STEP 02 채널 핸들 변경하기

01 핸들은 중복 가능한 채널명과는 달리 채널별로 고유하게 부여됩니다. '채널 설정' 화면에서 기존에 자동 설정된 [핸들]을 터치합니다. '핸들' 화면이 나타나면 본인이 원하는 핸들 이름을 '@' 뒤에 입력하고 [저장]을 터치합니다.

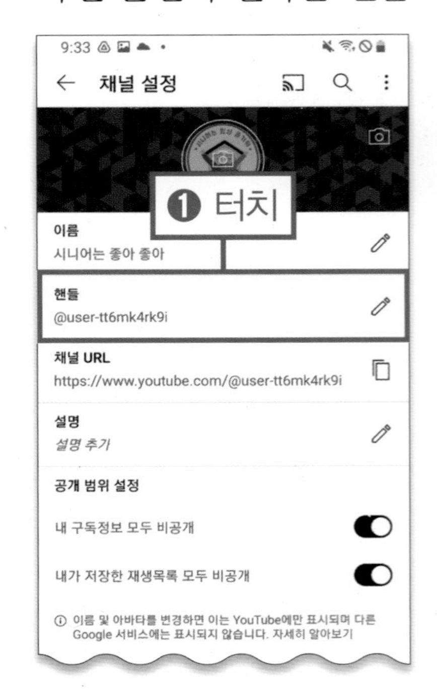

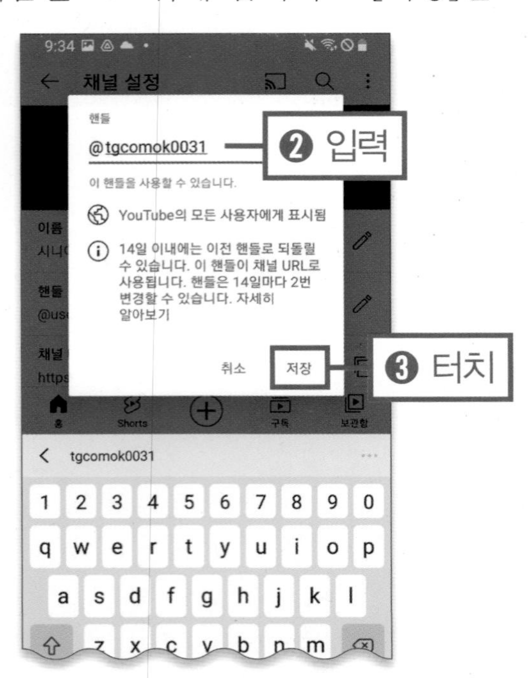

02 내 채널의 홈 화면에서 변경된 핸들을 확인할 수 있습니다.

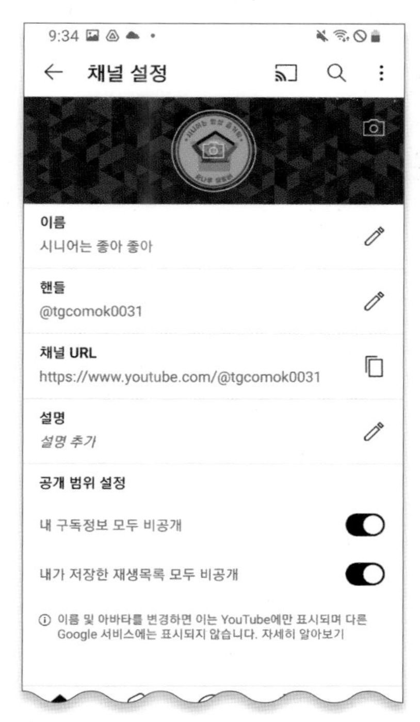

STEP 03 채널 설명 및 채널 공개 범위 설정 변경하기

01 유튜브 채널에 대한 설명을 변경하거나 입력하기 위해 [설명]을 터치합니다. 내용을 입력하고 [저장]합니다.

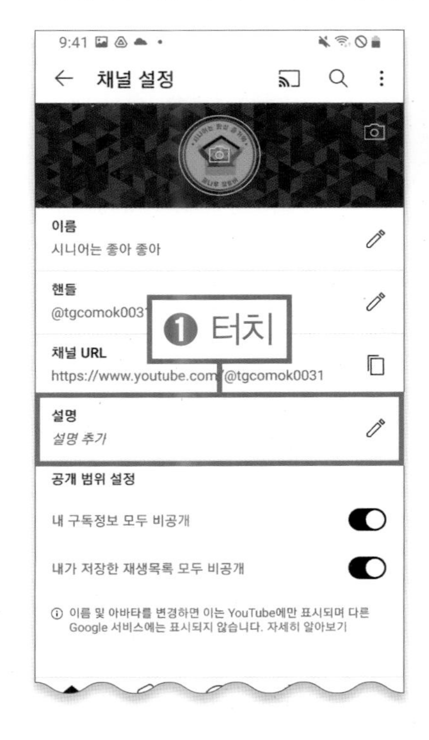

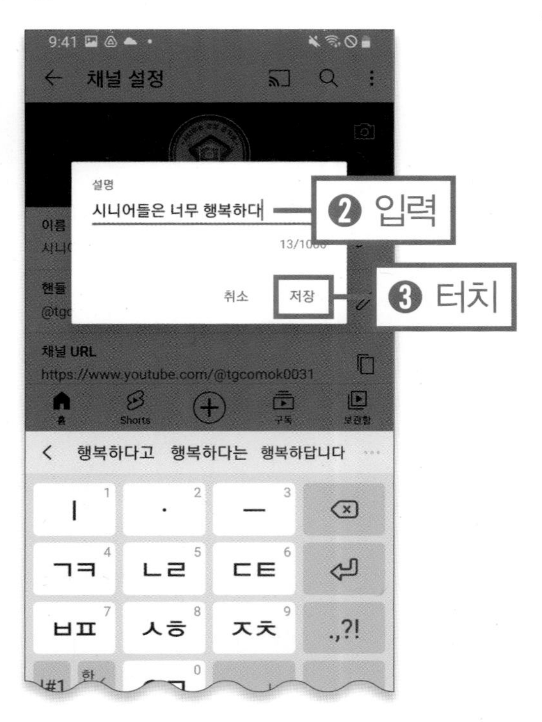

02 '공개 범위 설정' 메뉴에서 '내 구독정보 모두 비공개'와 '내가 저장한 재생 목록 모두 비공개'의 오른쪽 버튼을 각각 터치하여 [공개]( )로 설정합니다.

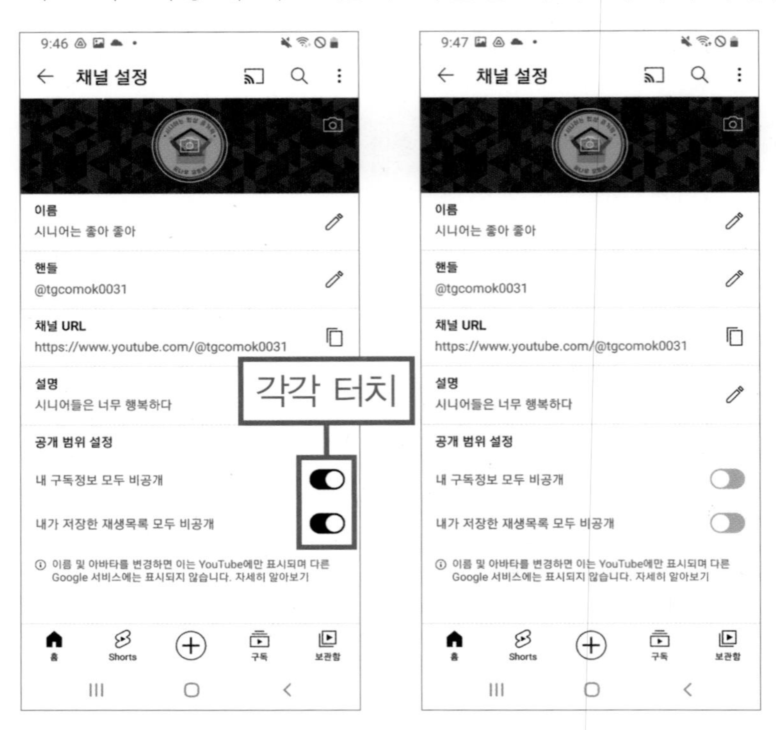

조금 더 배우기

어두운 회색은 [비공개]( ) 버튼을 뜻하며 밝은 회색은 [공개]( ) 버튼을 뜻합니다. 자신이 원하는 공개 여부에 따라 터치하여 선택하도록 합니다.

혼자서도 만들 수 있어요!

1 현재 설정되어 있는 채널의 이름과 핸들을 다른 이름으로 변경해 보세요.

hint [내 채널]-[채널 맞춤설정]을 차례대로 선택 → 기본 정보의 '이름'과 '핸들' 변경한 후 [게시]를 클릭

2 업로드한 영상 중 제일 마지막으로 올려놓은 영상의 제목을 변경하고 공개 상태를 비공개로 설정해 보세요.

hint [내 채널]-[동영상 관리]를 차례대로 선택→ 제목과 공개 상태를 변경한 후 [저장] 클릭

CHAPTER 20

스마트폰에서 유튜브 스튜디오 앱으로 동영상 관리하기

POINT

유튜브 스튜디오는 자신의 채널을 좀 더 쉽게 관리할 수 있도록 도와주는 앱입니다. 유튜브 스튜디오를 사용해 영상을 공유하거나 삭제, 댓글 관리 등을 하는 방법을 배워보겠습니다.

완성 화면 미리 보기

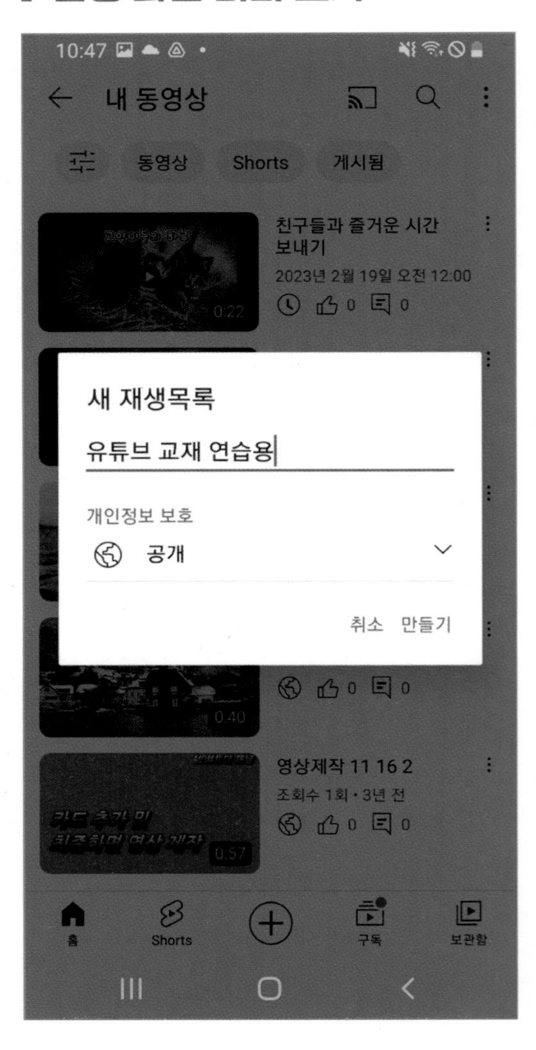

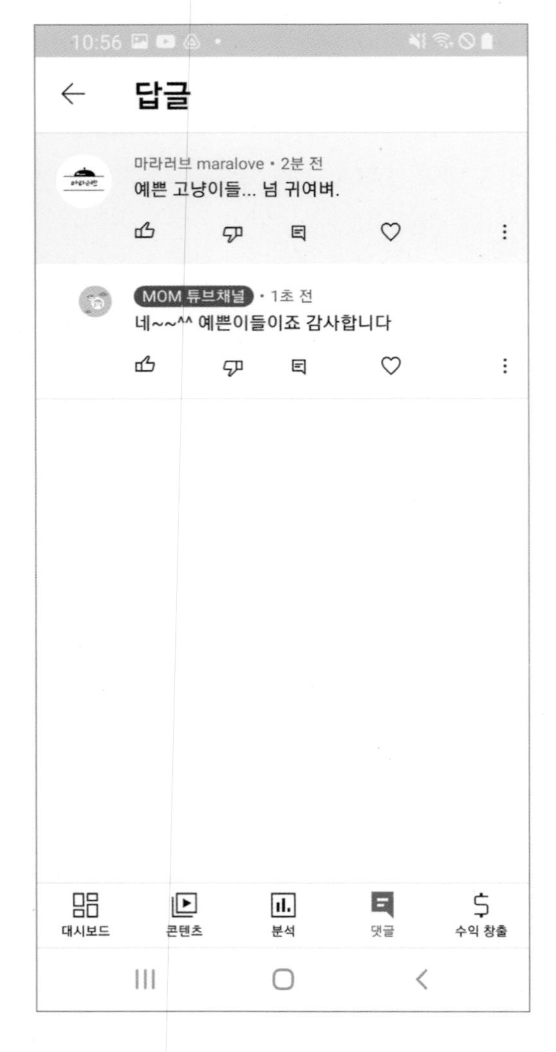

여기서 배워요!

동영상 정보 수정하기, 동영상 삭제 및 공유하기, 동영상 재생하기, 동영상 댓글 관리하기

STEP 01 동영상 정보 수정하기

01 [Play 스토어] 앱의 검색란에 '유튜브 스튜디오'를 입력하여 [YouTube Studio]를 [설치]한 후 [열기]를 터치합니다. 설정되어 있는 유튜브 채널의 스튜디오가 나타납니다.

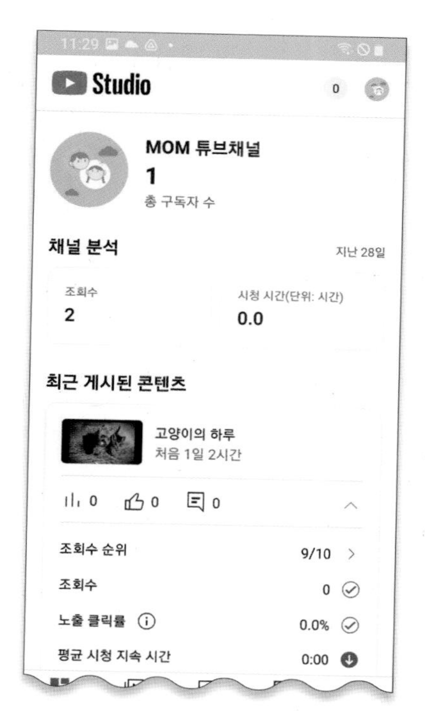

02 오른쪽 위에 있는 [프로필]을 터치하면 자신의 유튜브 계정 정보를 확인할 수 있습니다.

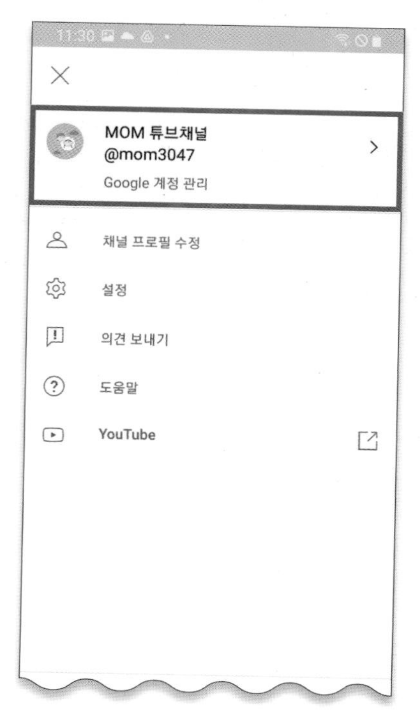

03 아래의 메뉴 중 [콘텐츠]를 터치합니다. 자신이 업로드한 동영상 중 수정하려는 영상의 오른쪽에 있는 [더보기](⋮) 버튼을 터치합니다.

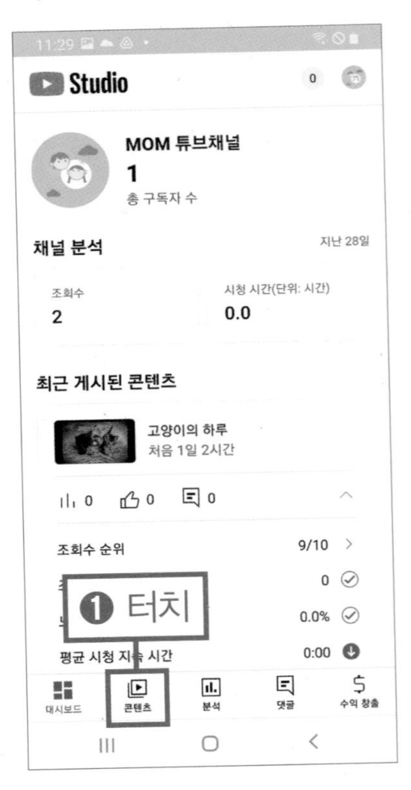

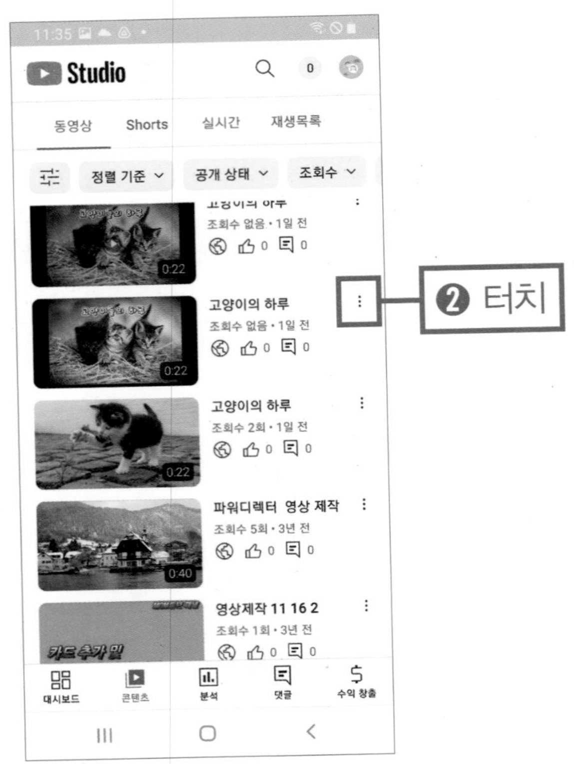

04 메뉴 목록에서 [동영상 수정]을 터치합니다. 제목을 변경한 후 [완료]를 터치합니다.

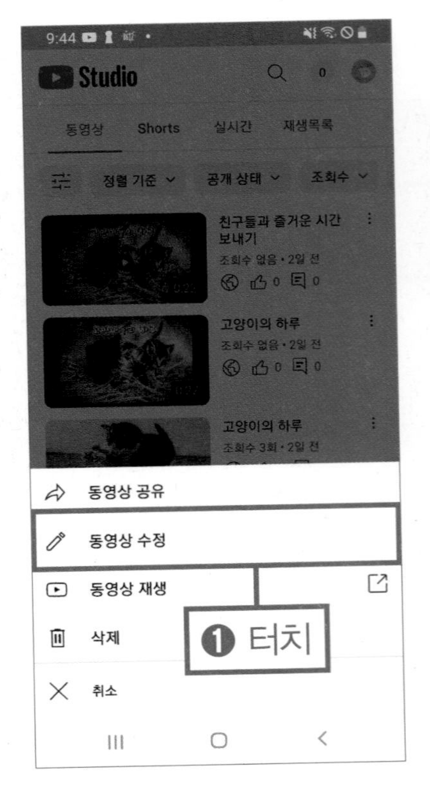

05

[설명 추가]를 터치하여 설명을 입력합니다. [돌아가기](←)를 터치해서 앞 화면으로 이동합니다.

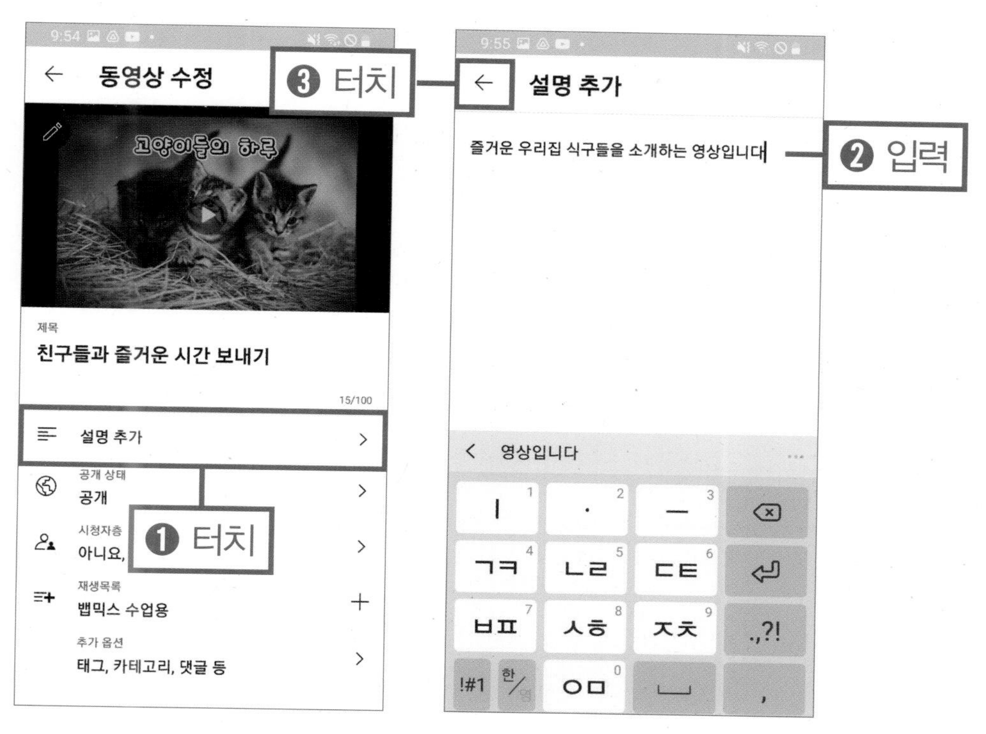

06

[공개]를 터치하면 '공개', '비공개' 또는 '일부 공개' 중에서 하나를 선택할 수 있습니다. 기본으로는 '공개'로 선택되어 있으며 [예약]을 터치하면 '지금 게시'와 '예약한 시간에 공개' 선택 사항이 있습니다. 기본적으로는 '지금 게시'로 되어 있습니다.

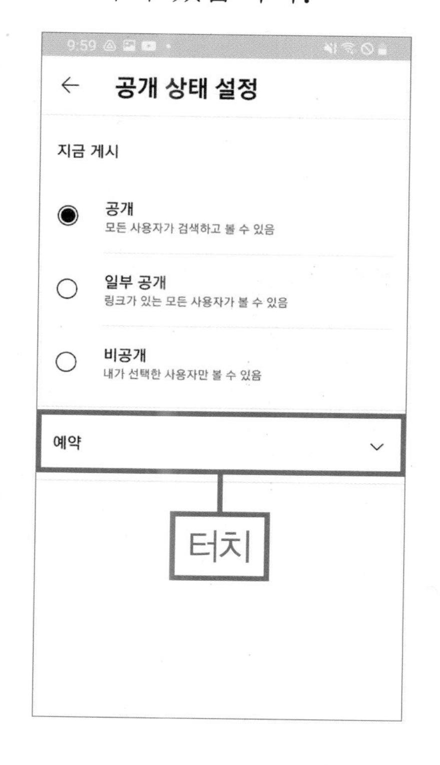

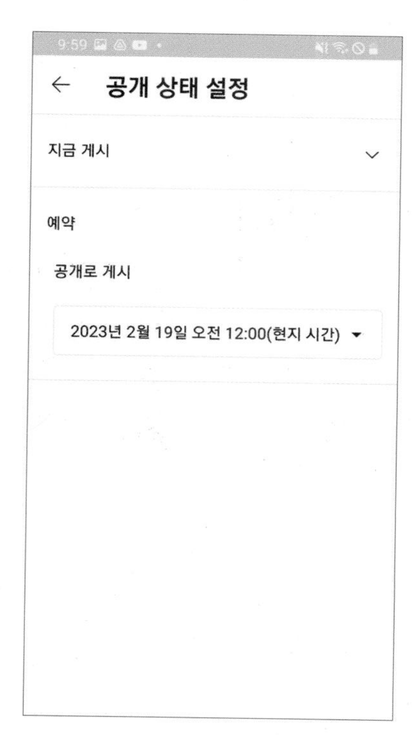

07 [시청자층 선택]에서는 동영상이 아동용인지의 여부를 채널 관리자가 지정할 수 있습니다. [아니오, 아동용이 아닙니다.]를 터치합니다. [연령 제한(등급)]을 터치하면 18세 이상으로 시청을 제한할 수 있습니다.

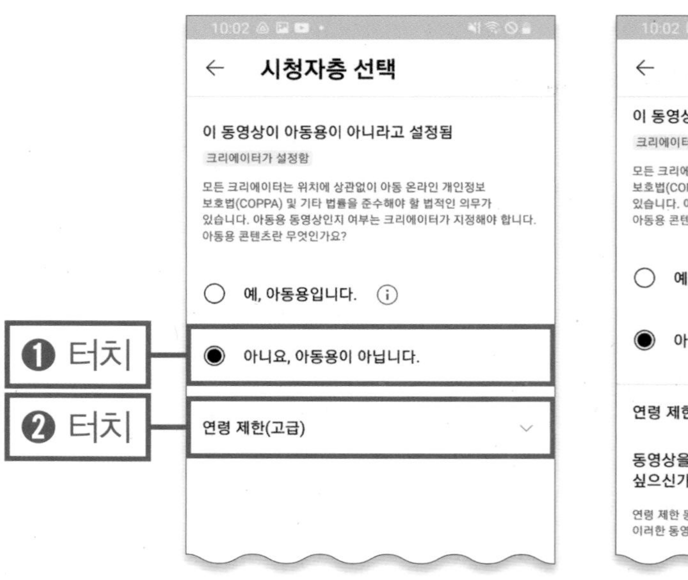

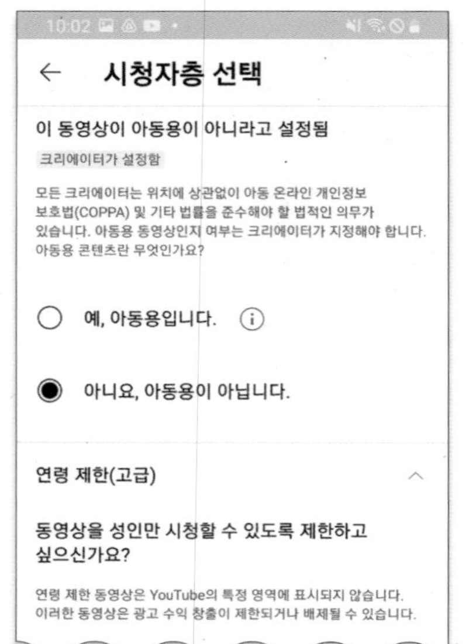

조금 더 배우기

시청자층의 선택 알아보기

아동용 동영상에서는 아동의 온라인 개인 정보 보호법을 준수해야 할 법적인 의무가 있습니다. 아동용 동영상에서는 개인 맞춤 광고 및 알림 등의 기능을 사용할 수 없으며 댓글 사용이 안되는 특징이 있습니다.

08 [재생목록에 추가]를 터치합니다. 목록에서 동영상 하나를 선택한 다음 [완료](✓)를 터치한 후 [저장]을 터치합니다.

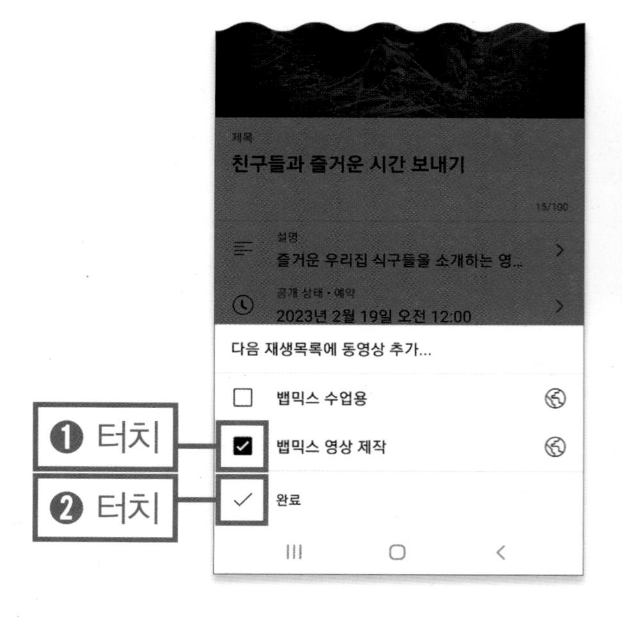

STEP 02 동영상 삭제 및 공유하기

01 유튜브 채널에 있는 영상을 삭제하기 위해서 [콘텐츠]를 터치합니다. 동영상 목록에서 삭제하려는 영상의 [더보기](⋮) 메뉴를 터치한 후 [삭제]를 터치합니다.

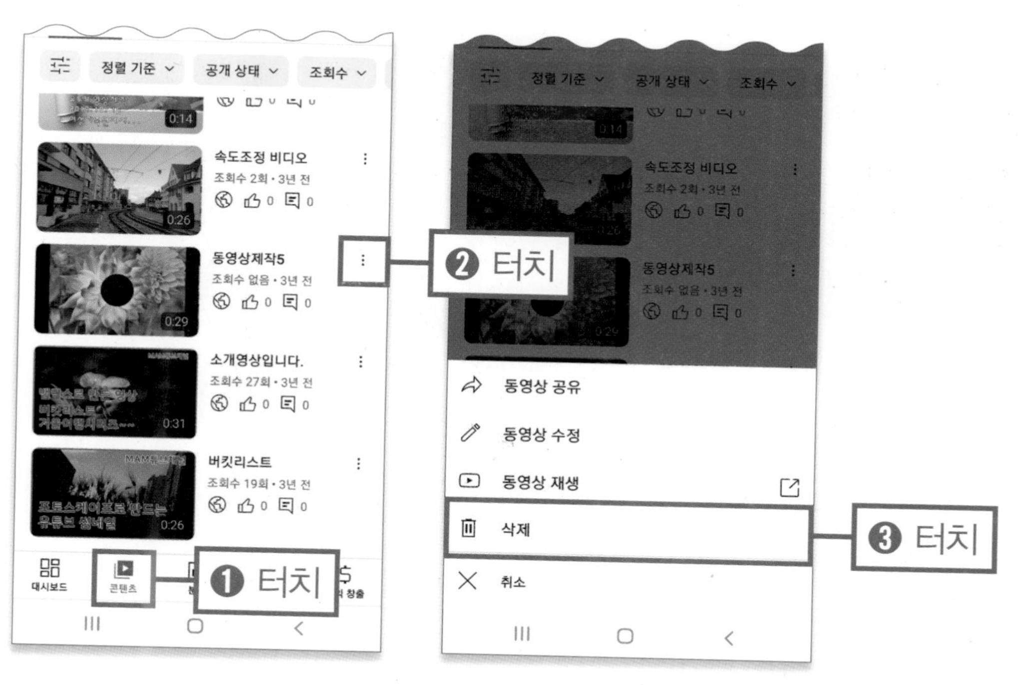

02 유튜브에서는 다시 복원할 수 없다는 표시로 '이 동영상을 삭제하시겠습니까?'라는 메시지 화면이 나타납니다. [YOUTUBE에서 삭제]를 터치하면 바로 삭제가 되면서 목록에서 사라집니다.

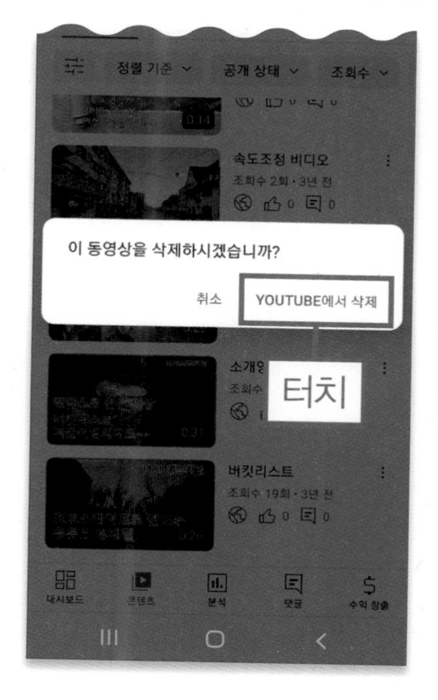

03 유튜브 채널의 동영상 목록 중에서 공유하고 싶은 영상의 [더보기](⋮) 메뉴를 터치한 후 [동영상 공유]를 터치합니다. '공개 상태 변경 및 공유' 메시지가 나타나면 [일부 공개로 설정]을 터치합니다.

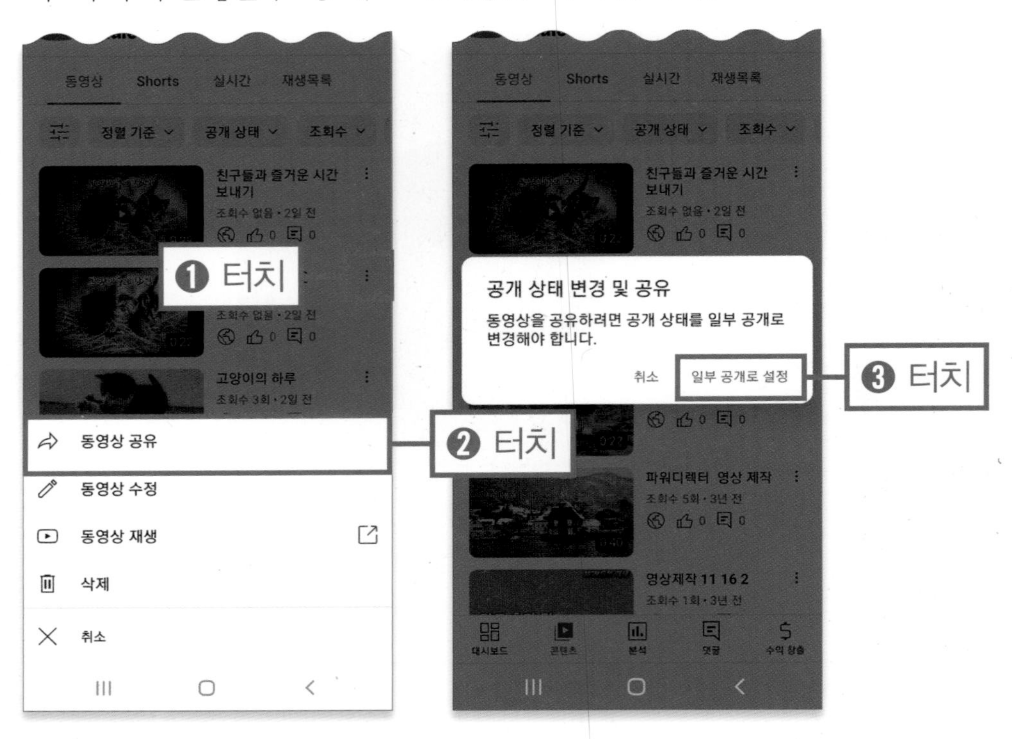

04 앱 목록에서 [카카오톡]을 선택합니다. 카카오톡에서 [친구]를 선택하고 [확인]을 터치해서 전송합니다.

STEP 03 동영상 재생하기

01 [콘텐츠] 탭의 동영상 목록 중에서 재생하고 싶은 영상의 [더보기](⋮) 메뉴를 터치한 후 [동영상 재생]을 터치합니다.

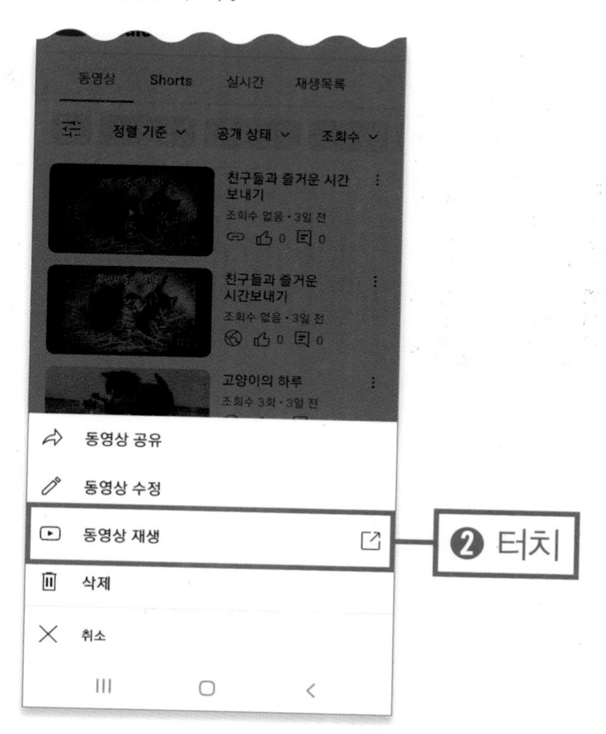

02 [유튜브] 앱이 실행되면서 동영상이 재생됩니다.

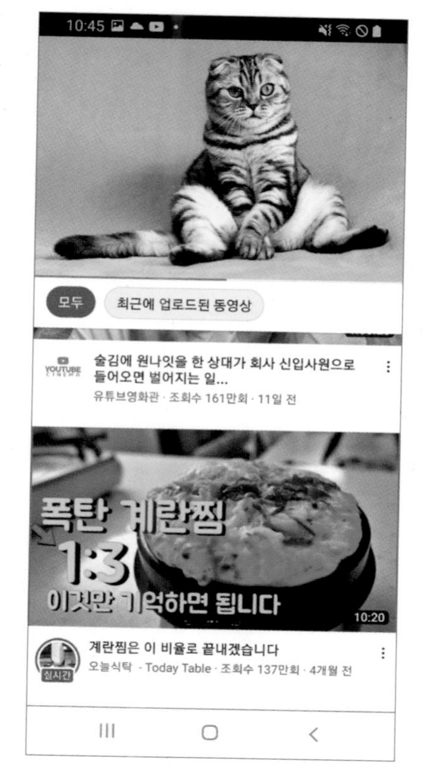

STEP 04 동영상 댓글 관리하기

01 [댓글]을 터치합니다. 시청자가 단 댓글을 확인할 수 있습니다. 댓글 내용을 터치합니다.

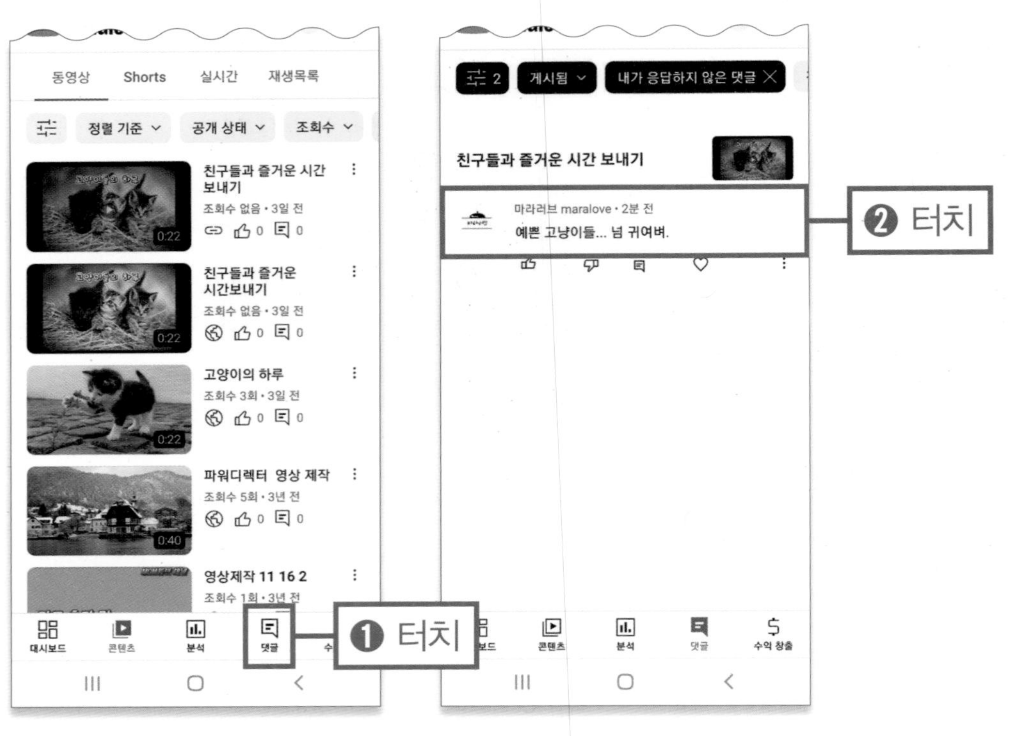

02 답글을 달기 위해서 내용을 한 번 더 터치한 다음 [답글]에 내용을 입력하고 [전송](▶)을 터치합니다.

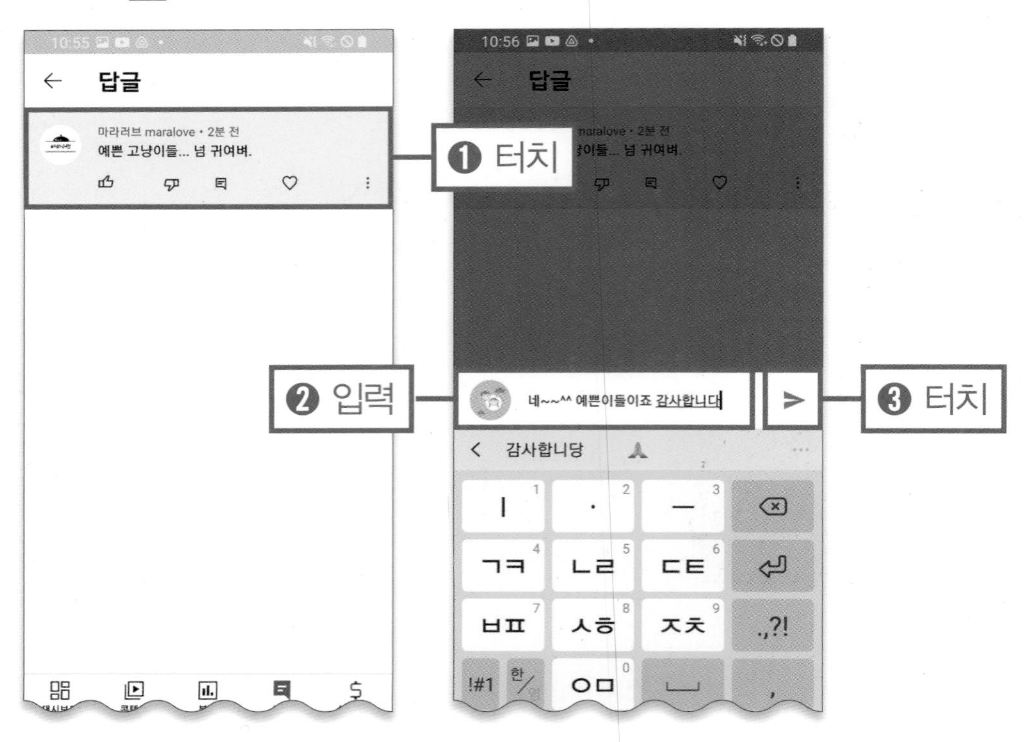

쓱 하고 싹 배우는

유튜브 & 영상 편집

2nd Edition

1판 1쇄 발행 2023년 5월 8일
1판 2쇄 발행 2024년 3월 22일

저　　자 | 김혜진
발 행 인 | 김길수
발 행 처 | ㈜영진닷컴
주　　소 | 서울특별시 금천구 가산디지털1로 128 STX-V 타워 4층 401호
등　　록 | 2007. 4. 27. 제16-4189호

ISBN 978-89-314-6855-7